Natalino Russ

111 Orte in Neapel, die man gesehen haben muss

111

emons:

Bibliografische Information der Deutschen Nationalbibliothek
Die Deutsche Nationalbibliothek verzeichnet diese Publikation in der Deutschen Nationalbibliografie; detaillierte bibliografische Daten sind im Internet über http://dnb.d-nb.de abrufbar.

Übersetzung aus dem Italienischen: Jan Heberlein
Gestaltung: Eva Kraskes, nach einer Idee
von Lübeke | Naumann | Thoben
Kartografie: altancicek.design, www.altancicek.de
Kartenbasisinformationen: Openstreetmap,

Druck und Bindung: Lensing Druck GmbH & Co. KG,
Feldbachacker 16, 44149 Dortmund
Printed in Germany 2019
ISBN 978-3-7408-0478-7

Vorwort

Auf der Welt fehlt es wahrlich nicht an wunderbaren Städten. Neapel gehört jedoch zu den unglaublichsten. Mit ihren Geschichten und Geheimnissen, Farben und Schatten, Düften und Aromen offenbart die Stadt dem Besucher an jeder Ecke Symbole, Ikonen und Legenden aus ihrer Vergangenheit als wichtiges Zentrum des Mittelmeers und gleichzeitig Europas.

Im Schatten des Vesuvs geboren, bevor er den Menschen als Vulkan in Erscheinung getreten war, ist Neapel ein Konzentrat aus Leben, Ereignissen und Monumenten, die sich gegenseitig durchdringen. Hier ist jeder Ort, jeder Winkel ein Destillat aus Geschichten: alte Palazzi, Gärten, Hunderte von Kirchen mit ihren wunderschönen und vergessenen Wandelgängen und enge Gassen, manchmal so dunkel, dass sie nicht zu einer Stadt am Meer passen wollen. Doch dieses Meer zeigt sich immer wieder als großartige Kulisse, sobald man aus dem Labyrinth der Altstadt heraustritt.

Wer bereits in Neapel weilte, weiß dies alles. Und auch die Neapolitaner sind überzeugt: Diese Stadt umweht ein Zauber. Hier ist Hoffnung mit Resignation geknüpft, geht die Rebellion Arm in Arm mit Nachsicht, ist Kunst integraler Bestandteil des Alltags.

Vielleicht aufgrund ihres besonderen Wesens ist Neapel, nach der Blütezeit der Grand Tour und dem Verlust ihrer Hauptstadtrolle in der zweiten Hälfte des 20. Jahrhunderts, touristisch etwas ins Abseits geraten.

Im letzten Jahrzehnt feierte sie jedoch ihre Wiederentdeckung und durchlebt wieder eine goldene Epoche. Tausende Touristen statten ihr in jeder Saison einen Besuch ab und staunen über das, was sie sehen. Aber in die ausufernde Monumentalität Neapels sind andere Geschichten gewoben, die sich in weniger bekannten Winkeln der Stadt verbergen und manchmal auch für den Neapel-Kenner oder gar Einheimischen neu sind. Dieses Buch lädt dazu ein, sie zu entdecken.

111 Orte

1 Das älteste Baptisterium

Inmitten der Schätze des Doms

Es ist nicht leicht, in der Unmenge an Kunstschätzen in der Kathedrale von Santa Maria Assunta, dem Dom von Neapel, kühlen Kopf zu bewahren. Der Kirchenbau selbst hat es schon in sich: Er wurde Anfang des 14. Jahrhunderts im gotischen Stil auf einem Ort errichtet, in dem seit dem vierten Jahrhundert wichtige Kirchenbauten und der erste Bischofssitz der Stadt standen. Maßgeblicher Urheber des heutigen Erscheinungsbilds war wohl Karl II. von Anjou, auch wenn das Vorhaben von seinem Sohn Roberto abgeschlossen wurde. Die hervorstechende Fassade darf nicht täuschen: Sie ist neugotisch und verdankt sich der Restaurierung Ende des 19. Jahrhunderts. Die Originalgotik ist noch vorn im linken Seitenschiff und in der Kapelle Minutolo, rechts vom Hauptaltar, zu sehen.

Und was soll man erst von der barocken Kapelle des Heiligen Januarius – San Gennaro – sagen, die von Marmor, Gold und anderen Reichtümern nur so strotzt? Mit ihrer monumentalen Fassade ist diese von den Neapolitanern heißgeliebte Kapelle eine Kirche in der Kirche. Eine Augenweide auch die Kapelle Carafa, nach einem Entwurf von Bernini und Ende des 15. Jahrhunderts als Succorpo unter dem Hauptaltar angelegt. Hier befinden sich die Spolien des Stadtheiligen.

Aber all dieser blitzende Glanz mindert doch den Wert des eigentlich kostbarsten Schatzes des Doms nicht. Er ist eher unscheinbar und etwas abgelegen. Man gelangt von der linken Seite der Kirche durch die Basilika der Santa Restituta zu ihm, dem Vorgängerbau des heutigen Doms. Von hier aus führt ein Durchgang in einen abgeschlossenen, im Halbdunkel liegenden Raum. In der Mitte des kleinen Saales ist ein altägyptisches Becken eingelassen, das frühchristliche Taufbecken von San Giovanni in Fonte aus dem vierten Jahrhundert und das älteste überhaupt nach dem von Doura Europos in Syrien. Erhebend der Anblick der Decke, auf der Reste der prächtigen Mosaikdekoration prangen.

Adresse Via Duomo 147, 80138 Napoli | ÖPNV Dante oder Museo (Metro 1), Cavour (Metro 2) | Öffnungszeiten Mo–Sa 8.30–12.30 und 16.30–19 Uhr, So 8–13.30 und 17–19.30 Uhr | Tipp Im selben Flügel des Baptisteriums kann man in den Untergrund hinabsteigen und archäologische Funde aus griechischer bis mittelalterlicher Zeit besichtigen.

2 Das Amphitheater

Das Martyrium des Heiligen Januarius

Auch in Neapel gibt es ein Kolosseum, besser gesagt im nahen Städtchen Pozzuoli, das hinsichtlich seiner Größe nur dem berühmten Bau in Rom und dem in Capua nachsteht.

Als die Bevölkerung der antiken Stadt Puteoli im ersten Jahrhundert n. Chr. beträchtlich anwuchs, musste ein größerer Ort für die Gladiatorenkämpfe und Shows gebaut werden, das *Amphitheatrum Flavium* nämlich. Puteoli hatte bereits ein Theater, sodass der Neubau auch *Amphitheatrum Maius* hieß.

Auf einer lateinischen Inschrift am Eingang ist zu lesen: »Colonia Flavia Puteolana pecunia sua«; die Kosten für den Bau wurden also von der Colonia Flavia Augusta getragen. Vermutlich geht der Bau auf die Epoche der Flavier zurück, sodass die Planer wohl die des Kolosseums waren. Im Zuschauerraum dieses gigantischen Gebäudes fanden bis zu 40.000 Zuschauer Platz.

In den unterirdischen Räumen lassen sich noch die Bühnenmechanismen bestaunen, die das vielseitige Programm des Amphitheaters ermöglichten. Unter Kaiser Diokletian war das Theater Schauplatz des Martyriums von Christen, darunter auch Januarius (Gennaro), Bischof von Benevent, heute verehrter Stadtheiliger von Neapel.

Jeder in Neapel kennt die Geschichte: 305 n. Chr. wurde Januarius zusammen mit anderen Leidensgenossen in eine Zelle gesperrt, darunter Sossius, ein Heiliger, den die Neapolitaner ebenfalls ins Herz geschlossen haben. Ihr Schicksal war es, von wilden Tieren zerfleischt zu werden, aber beim Eintritt der Verurteilten in die Arena lagen ihnen die Bestien zu Füßen und taten ihnen nichts zuleide, sodass die Strafe in Enthauptung umgewandelt und am nächsten Tag in der Solfatara vollstreckt wurde. Zur Erinnerung an dieses Ereignis wurde im Amphitheater im 17. Jahrhundert eine Kapelle errichtet, die im 19. Jahrhundert bei den archäologischen Arbeiten abgerissen wurde. Eine kleine Kapelle im Wandelgang überlebte jedoch.

Adresse Via Terracciano 75, 80078 Pozzuoli (Na) | **ÖPNV** Pozzuoli-Porto (Eisenbahnlinie Cumana); Pozzuoli-Solfatara (Metro 2) | **Öffnungszeiten** ab 9 Uhr bis Sonnenuntergang, dienstags geschlossen, Besichtigung reservieren unter www.coopculture.it | **Tipp** Lohnend ist ein Besuch im Macellum, besser bekannt als Serapis-Tempel, da hier eine Statue des Gottes aufgefunden wurde. An den Säulen kann man die Spuren der Meeresspiegel-Schwankungen aufgrund des Bradyseismos-Phänomens erkennen.

3 Das Aquädukt unter dem Hotel

Eine Kostprobe der neapolitanischen Unterwelt

Unterhalb Neapels verläuft ein System aus Hohlräumen, die in der Vergangenheit verschiedene Funktionen erfüllten: Tunnelnetze, Tuffsteinbrüche, Zisternen, Aquädukte, Krypten, Katakomben, Bunker. Seit der griechischen Besiedlung hat sich in dieser Stadt eine beeindruckende Zahl von unterirdischen Bauten stratifiziert, die jedes Mal bei Erdarbeiten, Mauerabbrüchen oder bloßen Instandhaltungsmaßnahmen zutage gefördert werden.

Dasselbe ist auch vor einigen Jahren hinter der zentralen Piazza Dante geschehen. Die Via Francesco Saverio Correra, die man in Neapel als Il Cavone kennt, verläuft in der Schlucht eines Wildbachs, vermutlich dem Sebeto, der hier früher zwischen Tuffbänken floss. Bei den Modernisierungsarbeiten des Hotels Correra 241, das in einer früheren Fabrik residiert, stieß man beim Abbruch einer Wand auf Gestein, das den Weg zu einem unterirdischen Hohlraum auf der Hügelseite wies. Es handelt sich um einen Brunnen und einen Teil des antiken Wasserleitungsnetzes. Der freigelegte Raum ist nur 13 Meter lang, aber vollständig erhalten. Bereits im vorigen Jahrhundert waren in dieser Gegend einige ähnliche Bauten ans Licht gekommen, deren Kartierung uns allmählich das Bild eines weitläufigen und komplexen Mosaiks vermittelt.

Für eine Besichtigung des Aquädukts der Via Correra fragen Sie einfach an der Rezeption dieses sympathischen *Art Hotels*, das zahlreiche elegante Zimmer und zeitgenössische Kunstwerke aufweist (hier finden oft Events und Ausstellungen statt). Das Personal öffnet Ihnen gerne die Tür und lässt Sie selbst diesen Teil der neapolitanischen Unterwelt erkunden. Während der kreisrunde Brunnen nach oben aufsteigt, führen wenige Stufen zum eigentlichen Aquädukt, einem kleinen, aber faszinierenden Ausschnitt der vielen Hohlräume unter der Stadt, die sich in alle Richtungen fortsetzen.

Adresse Via Francesco Saverio Correra 241, 80135 Napoli, Tel. 081/19562842, www.correra.it | ÖPNV Dante oder Museo (Metro 1) | Öffnungszeiten im Hotel Correra 241 vorzugsweise tagsüber | Tipp Die Bar Mexico (Piazza Dante 86, Tel. 081/5499330) ist eine der bekanntesten für ihren Kaffee, den man in verschiedenen Mischungen der bekannten Marke Passalacqua auch kaufen kann.

4 Das Aquarium

Meeresforschung für alle

Auch Neapel besitzt seit 1872 ein Aquarium. Es befindet sich im Park der Villa Comunale und ist Teil eines renommierten Forschungsinstituts, der Zoologischen Station »Anton Dohrn«, benannt nach seinem Gründer, einem deutschen Naturforscher aus der Schule Darwins. In seinem Bestreben, ein weltweites Netz von biologischen Forschungsstationen einzurichten, überzeugte er die städtischen Behörden, ihm unentgeltlich ein Grundstück am Meeresufer zu überlassen, ein idealer Ort für Probenentnahme, Beobachtung und Studium der Mittelmeerwelt und seiner Biodiversität.

Neben ihrer historischen Bedeutung ist die Zoologische Station auch heute noch ein maßgebliches Forschungs- und Ausbildungszentrum, dessen drei Fakultäten sich mit der Biologie und Evolution von Meeresorganismen beschäftigen und Infrastrukturen und Methoden zum Schutz ihres Ökosystems entwerfen.

Viele Vorhaben wurden hier realisiert, nicht zuletzt ein Projekt zur Überwachung und Nachverfolgung der Wanderungsrouten der Unechten Karettschildkröten (Caretta caretta). Mit Hilfe dieser Kampagne können Strategien zum Schutz einer durch menschliche Aktivitäten bedrohten Tierart auf den Weg gebracht werden.

Besonders beliebt bei Besuchern der Zoologischen Station ist natürlich das Aquarium, das Dohrn selbst 1874 als erste Ausstellung zum Leben des Mittelmeers überhaupt eröffnete. Die Einrichtung mit ihren 26 Becken in Reihe ist noch im Originalzustand erhalten und erscheint gegenüber den heutigen modernen Aquarien anderer Städte etwas antiquiert. In diesem Retro-Ambiente lassen sich jedoch immer noch sehr viele Tier- und Pflanzenarten des Mittelmeers betrachten, deren Evolution, Biologie und Verhaltensweisen anschaulich nahegebracht werden. Eine Besichtigung dauert nicht lange, sodass Sie auch das kleine Museum Dohrn-Darwin mitnehmen können, das den Gründer der Station und den großen englischen Naturforscher, der Dohrn als Mentor diente, vorstellt.

Adresse in der Villa Comunale, 80121 Napoli, Tel. 081/5833111, www.szn.it | ÖPNV Piazza Amedeo (Metro 2); Parco Margherita (Seilbahn von Chiaia); Vittoria (Buslinien 140, 151, C 12) | Öffnungszeiten täglich ab 9.30 Uhr, Schließzeit je nach Jahreszeit zwischen 17 und 18.30 Uhr, Mo geschlossen | Tipp Das Museo Pignatelli in der gleichnamigen Villa an der Riviera di Chiaia 200 (Tel. 081/7612356) ist ein hochinteressantes, reich ausgestattetes Stadthaus mit historischer Einrichtung.

5_Das Armenhaus

Das größte Gebäude der Stadt

Was ist das größte Bauwerk Neapels? Wer bewohnt es? Es ist kurios, dass das imposanteste Gebäude der Stadt – und eines der größten in Europa – keine königlichen Familien, Herrscher oder Adelsvertreter beherbergt(e).

Das Real Albergo dei Poveri (Königliches Armenasyl) wurde Mitte des 18. Jahrhunderts auf Betreiben des Bourbonenkönigs Karls III. im Rahmen einer umfangreichen Stadterneuerung eingerichtet. Der Palazzo sollte damals, wie uns die Aufschrift auf der Fassade verrät, »die Armen aus dem gesamten Königreich« aufnehmen, also Bedürftige aller Art, aber auch Waisen, alleinstehende alte Menschen und Obdachlose. Mit dem Bauvorhaben wurde Ferdinando Fuga betraut, sodass das Gebäude auch Palazzo Fuga genannt wurde, während der Volksmund es Reclusorio (Gefängnis) oder Serraglio (Zwinger) nannte.

Es ist ein wahrhaft kolossales Gebäude mit einer 400 Meter langen Fassade, 100 mehr als die bereits bombastische der Reggia di Caserta. Im Palazzo befinden sich über 400 Kammern, einige davon 40 Meter lang und acht Meter hoch, dazu drei Innenhöfe. Aber das ist nur ein kleiner Teil des ursprünglichen Vorhabens, das von einem fünfmal größeren Bau mit Platz für mehr als 8.000 Personen ausging. Karl III. schwebte eine Stadt in der Stadt vor, die Schlaf- und Speisesäle, Werkstätten und Einrichtungen für das Personal bieten sollte.

Schuld am Abbruch der Arbeiten trug sein Nachfolger Ferdinand IV., der dem Zeitgeist gemäß eine andere Philosophie vertrat. Anstelle der Fürsorge setzte er auf industrielle Entwicklung, investierte daher mehr in Wiederbelebungs- und Umstrukturierungsmaßnahmen für die Wirtschaft, wie man am Komplex San Leucio nahe dem Palazzo Reale von Caserta sehen kann, auch ein imposanter Bau, aber der Seidenherstellung gewidmet.

Heute wird das Real Albergo dei Poveri von mehreren Vereinen genutzt, und in Zukunft sollen seine immensen Flächen Museen und andere kulturelle Aktivitäten beherbergen.

Adresse Piazza Carlo III, 80137 Napoli, Tel. 081/19579437 | **ÖPNV** Museo (Metro 1), Cavour (Metro 2) | **Öffnungszeiten** derzeit wegen Restaurierung geschlossen | **Tipp** Auf der gegenüberliegenden Seite der Piazza Carlo III erblickt man ein schönes neoklassizistisches Bauwerk: Hier befand sich bis 1955 der Bahnhof der ehemaligen Alifana-Eisenbahn, heute ist es ein Hotel.

6 Der autofreie Lungomare

Promenade mit Blick auf den Golf

Eine der beliebtesten und gleichzeitig kritisiertesten Maßnahmen der neapolitanischen Stadtverwaltung war es, einen fünf Kilometer langen Abschnitt der Via Francesco Caracciolo, der Meerespromenade der Stadt, autofrei zu machen. Die Initiative hat viel Kritik auf sich gezogen, weil sie die strukturellen Probleme einer Stadt nicht löst, die seit jeher vom Verkehr und mangelhaften öffentlichen Verkehrsmitteln geplagt wird; gleichzeitig wurde sie auch begeistert aufgenommen, weil sie Sportfreunden und dem aufblühenden Tourismus neue Räume eröffnet. Hierher strömen jeden Tag Tausende von Neapolitanern zum Joggen, Radfahren oder Flanieren, und man lauscht dem Meer, das man leider in der übrigen Stadt durch das Verkehrschaos selten vernimmt. So wird dieser Teil Neapels heute *Lungomare liberato*, befreite Meerespromenade, genannt.

Zum Glück mangelt es dieser Stadt das Jahr über nicht an schönen Tagen, was der Maßnahme in die Hände spielt. So kann man den Straßenabschnitt von Mergellina bis nach Castel dell'Ovo und weiter bis zur Piazza Municipio sorglos entlangspazieren, denn schließlich ist es eine der schönsten Küstenstraßen der Welt und bietet ein einzigartiges Panorama auf die Hügel Vomero und Posillipo.

Im Sommer sieht man hier viele Sonnenanbeter auf den Klippen jenseits der Straße, und die Strandbäder wie das historische Lido Mappatella oder Mappatella Beach, die Sandzunge beim Kreisverkehr Diaz, wimmeln von Einheimischen, die hier abschalten, ohne die Stadt verlassen zu müssen. Zwischen den jungen und weniger jungen Leuten, die hier joggen oder den Hund ausführen, ist der Lungomare der ideale Ort, um frische Luft zu schnappen und ein ganz anderes Neapel zu sehen. Oberhalb der Palazzi thront das mächtige Castel Sant'Elmo (Ort 16); auf der gegenüberliegenden Seite öffnet sich der Golf mit seinen Inseln und dem Hin und Her von Booten, Fähren und Tragflügelbooten.

Adresse Via Francesco Caracciolo auf Höhe der Villa Comunale, 80121 und 80122 Napoli | **ÖPNV** Piazza Amedeo (Metro 2); Parco Margherita (Seilbahn von Chiaia); alle Buslinien zur Piazza Vittoria | **Öffnungszeiten** immer geöffnet | **Tipp** Unter Hausnummer 201 der Via Sannazzaro liegt die neue Pizzeria 50 Kalò von Ciro Salvo (Tel. 081/19204667; täglich von 12.30–16 und 19.30–0.30 Uhr geöffnet). Hier speist man eine ausgezeichnete Gourmet-Pizza mit hochwertigen Zutaten.

7 Die Baccalaria

Das Reich des Kabeljaus

Baccalà und Stockfisch sind integraler Bestandteil der neapolitanischen Küche; kommen aber von sehr weit her. Und zwar sowohl räumlich wie zeitlich. Alles begann 1432, als der venezianische Händler Pietro Querini nach einem Schiffbruch völlig entkräftet im Norden Norwegens anlandete. Zusammen mit den Überlebenden seiner Mannschaft nahmen ihn die hiesigen Fischer auf und beherbergten ihn über den Winter. So lernte er den Kabeljaufang und die Verarbeitung des Stockfischs kennen und brachte dieses Wissen nach Italien mit.

Seitdem sind sechs Jahrhunderte vergangen, und der Kabeljau – in Salz eingelegt als *Baccalà*, getrocknet als *stoccafisso* (Stockfisch) – ist an vielen Orten des Mittelmeers zu einem typischen Gericht geworden. Die Neapolitaner sind verrückt nach ihm und haben Dutzende verschiedener Rezepte dafür.

Einige davon können Sie im Baccalaria kosten, einer Locanda mit angeschlossenem Laden, die eine kulturelle Instanz in Neapel ist. Seele des Ortes ist der Neapolitaner Salvatore »Toti« Lange, dem hier jedes Detail zu verdanken ist, von der Wahl des Standorts am Hafen über die Seemannseinrichtung, kombiniert mit neapolitanischen, jedoch portugiesisch anmutenden Ziermotiven, bis hin zur kleinen Bibliothek, natürlich über den Kabeljau.

Überschreitet man die Schwelle der Baccalaria, beginnt eine eigene Welt: Hier wird dem Kabeljau auf traditionelle Weise, aber auch mit spannenden neuen Interpretationen und Kombinationen des Chefs gehuldigt, denn *Baccalà* und *stoccafisso* sind nicht nur Gerichte, sondern eine echte Kultur, eine Lebensart.

Ob man den Namen auf neapolitanische Weise Baccalarìa oder Baccalària ausspricht, wie es der Gründer ursprünglich gedacht hatte, alle werden hier viele kuriose Aspekte eines Fisches kennenlernen, der einstmals vor Jahrhunderten aus dem kalten Norden ins Herz des Mittelmeerraums gelangte und hier heimisch wurde.

Adresse Piazzetta di Porto 4, 80134 Napoli, Tel. 081/0120049 oder 324/8886332, www.baccalaria.it | ÖPNV Università (Metro 1); Sanfelice/Bovio (Buslinien R2, 201, 202, 460) | Öffnungszeiten Mo–Sa 12–15.30 und 19–23 Uhr | Tipp Unweit von hier, an der Piazza Santa Maria la Nova, öffnet sich der gleichnamige Klosterkomplex. Innen befindet sich ein Museum der zeitgenössischen Kirchenkunst und das (allerdings nicht belegte) Grab von Vlad III., Woiwode der Walachei, also Dracula.

8 Baia unter Wasser

Archäologie auf dem Meeresboden

Der Vesuv ist nicht der einzige Vulkan von Neapel. Viel größer und bedrohlicher, wenn auch weniger sichtbar, ist das Vulkangebiet der Phlegräischen Felder im Westen der Stadt. Diese Vulkane sind seit Jahrtausenden aktiv, lange bevor Menschen diesen Ort zur Wohnstatt erwählten.

Für das menschliche Auge meist unsichtbar, treten hier beständig kleine und große senkrechte Bewegungen des Bodens auf, der sich aufgrund der vulkanischen Aktivität hebt oder senkt. Dieses Phänomen, Bradyseismos genannt, hat in den Jahrtausenden die Bodenhöhe mehrfach verändert.

Die daraus folgende Schwankung des Meeresspiegel kann man gut in Pozzuoli an den Resten des sogenannten Serapis-Tempels ablesen, der in der römischen Epoche eigentlich ein *macellum* (Markt) war: Zeitweise waren die Säulen vom Meer umspült, und heute noch kann man Meeresorganismen, sogenannte Steindatteln, an ihnen erkennen, die auf der Wasseroberfläche leben und kleine Löcher in den Kalkstein graben.

Aber im Hafen des modernen Baia wartet das eigentliche Spektakel: Tauchermaske und Schnorchel genügen, um wenige Meter vom Ufer unter Wasser Reste des Handelshafens, der Tempel, Patriziervillen, Mosaikfußböden, Skulpturensockel, Säulen und andere Bauten römischen Ursprungs zu bewundern, die das Meer überschwemmt hat.

Man kann sich unschwer vorstellen, welchen Anblick die Stadt vorbeifahrenden Seefahrern im vierten Jahrhundert n. Chr. bieten musste, die man heute schnorchelnd entlang der Küste zwischen Punta Epitaffio und dem Ortszentrum des heutigen Baia erkundet.

Wer keine Lust auf Schwimmen hat, kein Problem: Die einzigartige archäologische Besichtigung kann man dank spezieller Boote mit extragroßen Bullaugen auch trocken erleben.

Adresse Via Molo di Baia, 80070 Bacoli (Na), Tel. 349/4974183, www.baiasommersa.it | **ÖPNV** Fusaro (Eisenbahnlinie Cumana) | **Öffnungszeiten** mehrere Abfahrten am Tag. Reservierungen unter baiasommersa@gmail.com | **Tipp** In der nahen Via Sella di Baia 22 lohnt eine Besichtigung des Archäologischen Parks der Thermen von Baia (www.coopculture.it).

9 Der Botanische Garten

Eine grüne Oase in Zentrumsnähe

Spaziert man auf der Via Foria etwas außerhalb der Altstadt, sieht man über einer hohen Einfassungsmauer die Kronen großer Bäume hervorlugen. Sie künden von der Existenz einer grünen und ruhigen Insel, eine Rarität in Neapel. Eine Doppeltreppe führt in eine elegante Allee, die von grazilen und hohen mexikanischen Palmen (*Washingtonia robusta*) bestanden wird. Die Allee mündet in einen weitläufigen Garten, der in verschiedene Bereiche gegliedert ist: Gewächshäuser mit tropischem und kühlem Klima, Wüsten-Sukkulenten, Becken für Wasserpflanzen und so weiter.

Der Real Orto Botanico von Neapel ist einer der bedeutendsten botanischen Gärten Italiens. Gegründet wurde er 1807 auf Geheiß von Joseph Bonaparte, dem Bruder Napoleons, der sich dabei von einem Projekt des bourbonischen Königs Ferdinand IV. leiten ließ.

Die allgemeine Anlage des Gartens ist das Werk von Michele Tenore, der diesen bis zur Vereinigung Italiens leitete. Vermutlich dank der wissenschaftlichen Strenge seines ersten Leiters ist der Garten heute noch ein wichtiges Studienzentrum für Botaniker aus dem gesamten Mezzogiorno. Die Universität von Neapel unterhält hier eine Forschungseinrichtung und ein reichhaltiges botanisches Museum mit einer ethnobotanischen Abteilung und Handwerksprodukten aus Holz oder Pflanzenfasern, sowie eine Abteilung der Paläobotanik mit Fossilien von bereits ausgestorbenen Pflanzen.

Auf einer Fläche von fast zwölf Hektar werden über 9.000 Pflanzenarten mit fast 25.000 Exemplaren aus aller Welt kultiviert (und studiert). Sehr bedeutend ist die Sammlung der Palmfarne (Cycadales), eine der größten überhaupt, und der Anbau von Baumfarnen, einzigartig in Europa. Von der uralten Zitrusplantage ganz zu schweigen. Ein Ort, der Lust macht, lange zu verweilen und die Ruhe zu genießen. Und man fragt sich unwillkürlich: Wie können die Touristen einen so schönen Ort übersehen?

Adresse Via Foria 223, 80139 Napoli, Tel. 081/2533937, www.ortobotanico.unina.it | ÖPNV Museo (Metro 1), Cavour (Metro 2) | Öffnungszeiten Mo–Fr 9–14, Di und Do bis 16 Uhr, Eintritt frei, vor dem Besuch besser telefonisch anmelden, kostenlose Führungen werden angeboten | Tipp Dem Botanischen Garten fast gegenüber, in der Via Foria 180, liegt das Restaurant 'A figlia d'o marenaro mit ausgezeichneten neapolitanischen Fischspezialitäten. Es gibt auch Pizza.

10 Der Bourbonen-Stollen

Eine unerwartete unterirdische Welt

Man weiß, dass das unterirdische Neapel viele Gesichter besitzt, die nur teilweise erforscht und bekannt sind. Unweit der Piazza Vittoria und Piazza del Plebiscito, auf dem Gebiet der Stadtviertel Chiatamone und Chiaia, verläuft eines der architektonischen Wunderwerke im Untergrund dieser Stadt: ein großer künstlicher Tunnel, der den Pizzofalcone-Hügel durchquert. Urheber war der Bourbone Ferdinand II. im 19. Jahrhundert, der sich einen geheimen Durchgang bei Gefahr offen halten und gleichzeitig seinen Soldaten ermöglichen wollte, schnell in seinen Palast zu gelangen.

Eine Gruppe von Höhlenforschern hat diese unglaublichen Orte für Besucher erschlossen. In ihrem Beisein kann heute der große, gut beleuchtete Hauptstollen durchquert werden, während man den Ausführungen zu seinem Bau und den verschiedenen Anekdoten aus zwei Jahrhunderten lauscht.

Ab dem frühen 20. Jahrhundert wurde der Stollen leider auch als Schrottplatz genutzt. Nur einige Wracks alter Autos und Motorräder wurden zusammen mit Kriegsresten belassen, die die Atmosphäre noch reizvoller machen. Aus den Erzählungen der Guides geht hervor, dass diese riesigen Räume auch als Schutzbunker im letzten Weltkrieg genutzt wurden. In jüngerer Zeit diente der Stollen als Set für italienische und internationale Kino- und Dokumentarfilme.

Eine Besichtigung ist interessant und sehr lehrreich. Wenn man Lust auf mehr Abenteuer hat, kann man auch personalisierte Routen wählen und Stollen erkunden, die normalen Touristen nicht zugänglich sind. Auf diesen Wegen betreten Sie einige Zisternen aus dem 16. Jahrhundert und können sogar auf einem Floß durch jüngere Tunnels gleiten, wie den Stollen einer nie fertiggestellten U-Bahn, der heute mit Wasser vollgelaufen ist. Man entdeckt, wie faszinierend städtische Höhlenforschung sein kann, und will nur deshalb wieder nach oben, um allen alles zu erzählen.

Adresse Via Domenico Morelli 69, beim Parkplatz Morelli, 80121 Napoli (ein zweiter Zugang befindet sich in Vico del Grottone 4, auf der Seite der Piazza Plebiscito), Tel. 081/7645808, 366/2484151, www.galleriaborbonica.com | **ÖPNV** Piazza Amedeo (Metro 2); Piazza dei Martiri (Buslinien C 24, E 6) | **Öffnungszeiten** Besichtigungen nur mit Führungen Fr, Sa, So und Feiertage 10, 12, 15.30 und 17.30 Uhr, auch behindertengerechte Führungen werden angeboten | **Tipp** Im Stollen bietet die Agorà Morelli (www.agoramorelli.it) das perfekte Setting für exklusive Events in einem sehr originellen Ambiente.

11 Bei Bowinkel

Die Heimstatt der Kunst

Die berühmten neapolitanischen Gouaches, die Gemälde und Miniaturen, Zeichnungen, Aquarelle und alten Fotos – bei Bowinkel findet man echte Kunstwerke, die von der Stadt und der Kultur Neapels sprechen und vom fachlich geschulten Auge der Familie ausgewählt wurden. Uberto Bowinkel und sein Sohn Paolo sind Erben des deutschen Kunstsammlers Ernst Bockwinkel (dessen Nachname in Folge abgekürzt wurde), ein Liebhaber Süditaliens und insbesondere Neapels und seines Golfs, der sich 1879 hier niederließ.

Das heutige Geschäft in der Via Santa Lucia wurde 1974 von Uberto eröffnet und ist seitdem eine feste Adresse im Kunstleben der Stadt. Innen tut sich dem Besucher ein kleines Reich des guten Geschmacks und der Eleganz auf, was auch Frucht der zahlreichen Studien und Reisen Ubertos ist.

Die heutigen Räumlichkeiten umweht noch die Stimmung des ersten Geschäfts, das Gründer Ernst in der Via Chiatamone eröffnete. In 140 Jahren ist der Katalog Bowinkel stark angewachsen, sodass man sich heute zwischen den Büchern, Rahmen aller Art, Fächern und anderen Kunst- oder Kunsthandwerksstücken regelrecht verliert. Als eines der renommiertesten Antiquariate der Stadt ist die Bottega Bowinkel eine echte Ikone in der Domäne der schönen Künste und des damaligen Verlagswesens. In jüngeren Jahren spezialisierte man sich auch auf zeitgenössische Kunst und eröffnete 2015 eine eigene Galerie.

Diese liegt in der Via Calabritto 1 an der Ecke zur Riviera di Chiaia und wird meisterhaft von Paolo Bowinkel in der vierten Generation geführt, der Künstler von Rang wie neue Talente einem großen Publikum vor Augen führt. So hängen hier die Landschaftsmalereien eines Hackert neben den Werken aufstrebender Jungkünstler. Wenn man sich einen Überblick über die künstlerische Kreativität Neapels verschaffen möchte, ist auch ein Besuch der Galerie obligatorisch.

Adresse Via Santa Lucia 25, 80132 Napoli, Tel. 081/7640739, www.bowinkel.it | **ÖPNV** Santa Lucia/Plebiscito (Buslinien C25, E6, 128, 140, 154) | **Öffnungszeiten** Mo–Fr 9–13.30 und 16–19.30 Uhr, Sa bis 13.30 Uhr, So geschlossen | **Tipp** Unweit von hier, an der Meerespromenade, liegt das neue Lokal des berühmten Pizzaiolo Gino Sorbillo. Es nennt sich Lievito Madre al Mare (Via Partenope 1, Tel. 081/19331280).

12 Die Buchhandlung

Ein Jahrhundert Bücher

Diese Stadt ist reich an alten Stätten und Erinnerungen, jeder Winkel atmet Geschichte, fast in jeder Straße, jedem Palazzo liest man die Zeichen einer lange zurückreichenden Vergangenheit. Und doch ist es auch hier nicht mehr so leicht, Geschäfte und Buchhandlungen zu finden, die sich mit dieser Geschichte beschäftigen. Eine rühmliche Ausnahme ist die Libreria Carlo Regina, die 2005 zur »Libreria storica antiquaria d'Italia« erklärt wurde. Gegründet wurde sie im ausgehenden 19. Jahrhundert in der Via Foria, um in den 1920er Jahren ihren heutigen Standort in der eleganten Via Constantinopoli gleich beim Theater Bellini zu beziehen. Seit jeher ist sie ein Mekka anspruchsvoller Gelehrter und Sammler, aber auch Liebhaber alter Bücher, die hier den üppigen Katalog konsultieren, der dank des emsigen Buchhändlers laufend aktualisiert wird.

Namhafte Professoren, Wissenschaftler und Politiker geben sich hier auf der Suche nach seltenen Büchern, Drucken, Kupferstichen, Lithografien, Fotos, Gouaches und Aquarellen die Klinke in die Hand. So weitläufig ist die Buchhandlung nicht, finden kann man jedoch vieles aus unterschiedlichsten Bereichen, von Kunst über Literatur, von Geografie über Botanik und Zoologie.

Die Buchhandlung Regina ist auch Verlagshaus. Im Laufe der Jahre hat sie viele Kataloge unterschiedlichster Art sowie die »Historische Bibliothek Süditaliens« veröffentlicht, die vor allem für Studenten in diesem Bereich, aber auch für jene nützlich ist, die Themen zu Neapel und dem Mezzogiorno vertiefen möchten.

Dies ist einer der wenigen Orte der Stadt, wo sowohl Touristen als auch Neapolitaner selbst echte Schätze bergen können. Der vollständige Preiskatalog ist auch online konsultierbar, und die Buchhandlung versendet in die ganze Welt. Natürlich kann man hier auch alte Bücher oder Drucke schätzen lassen, um sie zu verkaufen oder einfach ihren Wert zu erfahren.

Adresse Via Santa Maria di Costantinopoli 51, 80138 Napoli, Tel. 081/459983, www.libreriaregina.it | ÖPNV Dante oder Museo (Metro 1), Cavour (Metro 2) | Öffnungszeiten Mo–Fr 10–20 Uhr, Sa bis 18 Uhr, So geschlossen | Tipp Unweit von hier, in Via Bellini 52, liegt das Bourbon Street (Tel. 338/8253756, www.bourbonstreetjazzclub.com), ein historischer Jazzclub mit Livemusik.

13 Das Caffè Gambrinus

Ein ehrwürdiger Literatursalon

Nach einem Spaziergang auf der Via Toledo ist es Zeit für eine luxuriöse Pause. Von der Galleria Umberto gelangt man auf die Piazza Trieste e Trento mit dem Theater San Carlo und dem Palazzo Reale. An diesem neuralgischen Punkt des kulturellen Lebens von Neapel liegt eines der berühmten historischen Lokale der Stadt: das Gran Caffè Gambrinus. Es ist eine echte Institution, Treffpunkt von Intellektuellen, Künstlern, Politikern und Geschäftsmännern gleichermaßen, die seit dem 19. Jahrhundert hier über dem Kaffee zum Plaudern kommen.

Das Café wurde 1860 in den heutigen Räumlichkeiten, im Erdgeschoss des Palazzo della Forestiera, eröffnet. Die Güte seines Gebäcks brachte ihm die begehrte Auszeichnung als Lieferanten des Königshauses ein. Zur Jahrhundertwende wurden die Räume mit Marmor, Stuck, kostbaren Täfelungen und Basreliefs von hiesigen Künstlern verziert.

Noch heute machen die neoklassizistischen Formen und Jugendstil-Feinheiten aus diesem Lokal ein literarisches Café der großen mitteleuropäischen Schule, das zu den faszinierendsten in Italien zählt. In über anderthalb Jahrhunderten haben sich hier viele illustre Namen aus dem In- und Ausland eingefunden, von den Savoyern über Benedetto Croce, von Oscar Wilde bis Gabriele D'Annunzio, von Jean Paul Sartre bis zu den Neapolitanern Matilde Serao, Edoardo Scarfoglio und Ferdinando Russo, um von den Ikonen der neapolitanischen Musik und des Theaters ganz zu schweigen: Murolo, Scarpetta, die Brüder De Filippo und natürlich Totò.

Auch die Präsidenten Italiens machen gerne halt im Gambrinus, denn die Atmosphäre ferner Zeiten sowie die edlen Konditorwaren und Eisspezialitäten sind einfach unwiderstehlich. Seit einigen Jahren kann man sogar getreuliche Reproduktionen von Kaffeetässchen und Teeservices erstehen, um ein Stück Belle Époque neapolitanischer Art nach Hause mitzubringen.

Adresse Via Chiaia 1/2, Ecke Piazza Trieste e Trento, 80132 Napoli, Tel. 081/417582, www.grancaffegambrinus.com | ÖPNV Municipio oder Toledo (Metro 1) | Öffnungszeiten täglich 7–1 Uhr, Fr bis 2 Uhr, Sa bis 3 Uhr | Tipp In der nahen Salita Sant'Anna di Palazzo 1/2 sollte man die Pizzeria Brandi ausprobieren.

14 Das Carafa-Pferd

Eine Kopie von Donatello

Entlang des *decumanus inferior*, volkstümlich *Spaccanapoli* genannt, im Abschnitt der Via San Biagio dei Librai, liegt eines der schönsten Gebäude der Stadt. Abgelenkt vom bunten Treiben dieser engen Sträßchen könnte man es fast übersehen. Aber spätestens der Fassadenstil zieht den Betrachter in den Bann: Flache Bossen aus hellgelbem Tuff wechseln sich in mittelalterlicher Manier mit solchen aus dunklerem grauen Stein ab.

Der Palazzo wurde im 15. Jahrhundert auf Betreiben von Diomede Carafa, dem ersten Grafen von Maddaloni und Namensgeber, errichtet und sollte als eine Art Museum für die antiken Fundstücke fungieren, die bereits damals auftauchten. Heute ist der Bau in Privatbesitz, und wenn das Portal geschlossen ist, muss man ein paar Minuten Geduld haben. Gelangt man dann aber in den Innenhof, hat sich das Warten gelohnt. Der große Pferdekopf auf mächtigem Sockel fällt sofort ins Auge. Es handelt sich um die Terrakottakopie des sogenannten Cavallo Carafa, einer Bronzeskulptur, der man lange Zeit geheimnisvolle Zauberkräfte nachsagte.

Es scheint, als habe Vasari Mitte des 16. Jahrhunderts die Urheberschaft des Bronzewerks, eines Denkmals für König Alfonso V. von Aragonien, Donatello zugeschrieben. Allerdings wurde das Werk nie fertiggestellt, sodass Diomede Carafa das Bronzehaupt nach dem Tod des Souveräns und des Künstlers von Lorenzo il Magnifico zum Geschenk erhielt.

Die Bronze wurde auf der Fassade des Palazzo Carafa angebracht und blieb dort bis Anfang des 19. Jahrhunderts, als die letzten Erben der Familie sie dem Archäologischen Nationalmuseum von Neapel stifteten. Damals wurde der berühmte Kopf durch eine Kopie aus Terrakotta ersetzt und im Innenhof aufgestellt. Und ebendort kann man ihn durch das prächtige Eingangsportal erspähen, dessen mit den Wappen der Carafa verzierte Flügel noch die originalen aus Holz sind.

Adresse Via San Biagio dei Librai 122, 80138 Napoli | **ÖPNV** Dante (Metro 1); Piazza del Gesù oder Duomo / San Biagio dei Librai (Bus E 1) | **Öffnungszeiten** Der Palazzo ist in Privatbesitz, tagsüber aber generell frei zugänglich. | **Tipp** Dem Palazzo genau gegenüber liegt das Kirchlein San Nicola a Nilo mit einer charakteristischen Doppelzugangstreppe. Obschon zwischen hohe Gebäude eingezwängt, ist das Innere hervorragend ausgeleuchtet.

15 Die Casina Vanvitelliana

Ein märchenhafter Ort

Vor den Toren der Stadt, am Küstenstrich zwischen Cuma und Torregaveta, liegt einer der faszinierendsten Orte der an Wunder reichen Phlegräischen Felder: der Küstensee des Fusaro, der vom Meer durch einen dünnen Sanddünenzipfel getrennt ist. Der See war schon bei Griechen und Römern ein beliebter Ort der Sommerfrische. Im Laufe des 18. Jahrhunderts wurde er Jagd- und Fischgebiet der Bourbonen, die hier ihren adligen Hobbys nachgingen.

Die erste Umgestaltung des Sees in einen königlichen Park verdanken wir dem Architekten Luigi van Wittel, besser bekannt als Vanvitelli. Später beauftragte Ferdinand IV. den Sohn des Vanvitelli, Carlo, der auch an der Reggia von Caserta mitwirkte, mit dem Bau eines Jagdschlosses. So entstand die Casina Vanvitelliana, ein kleines Gebäude mit märchenhaftem Antlitz, das auf einer kleinen Insel im östlichen Teil des See thront und durch einen Holzsteg mit dem Festland verbunden ist.

Die Casina ist die Vereinigung mehrerer achteckiger Gebäudeteile zu einem einzigen Zentralbau, umgeben von Bogengängen und großen Glasfenstern. Die Verzierungen tragen die Handschrift des deutschen Landschaftsmalers Jakob Philipp Hackert, der im 18. Jahrhundert unzählige Gemälde, Fresken und Ansichten des italienischen Mezzogiorno schuf.

Die Casina wurde jüngst restauriert und erstrahlt so zauberhaft wie zu ihrer Entstehung. Am besten besichtigen Sie sie kurz vor Sonnenuntergang, wenn sich die letzten Sonnenstrahlen zusammen mit den Gebäudefacetten und dem Steg auf den ruhigen Wassern des Sees spiegeln. Neben ihrer Nutzung für Veranstaltungen, Events und Hochzeiten ist die Casina auch bei Künstlern und Dichtern beliebt und Hintergrund einiger Szenen des Films »Ferdinando e Carolina« (1999) der italienischen Regisseurin Lina Wertmüller. Die Fernsehserie »Pinocchio« (1972) hingegen wurde – anders als häufig behauptet – nicht hier gedreht.

Adresse Piazza Rossini 1, 80070 Bacoli (Na), Tel. 348/4288342, 338/1069841, www.parcovanvitelliano.it | ÖPNV Fusaro (Eisenbahnlinie Cumana) | Öffnungszeiten Sa, So 10–20 Uhr, Di 11–19 Uhr, letzter Einlass halbe Stunde vor Schließung | Tipp Etwa drei Kilometer von hier (nur mit Fahrzeug erreichbar) liegt die sehenswerte Ausgrabungsstätte von Cuma (ab 9 Uhr bis eine Stunde vor Sonnenuntergang, Tel. 081/8040430, 081/8543060).

16 Das Castel Sant’Elmo

Strategischer Ausguck

Es lässt sich nicht übersehen: Das Kastell thront über Neapel und ist von jedem Winkel der Stadt aus zu erblicken. Die Anjou erkannten das strategische Potenzial des Vomero-Hügels und errichteten 1329 dort einen Belforte genannten Turm. Dieser wurde im 16. Jahrhundert auf Betreiben von Pedro de Toledo erweitert, dem berühmten Vizekönig, der in nur 20 Jahren das Stadtbild Neapels revolutionierte und die jahrhundertelange Grundlage für die spanische Herrschaft schuf. Ihm haben wir den heutigen Umfang des Kastells zu verdanken, ein sternförmiger Bau mit sechs Spitzen, den der valencianische Ingenieur Pedro Luis Escrivà in der präzisen Absicht anlegte, den gesamten Golf von Neapel zu kontrollieren.

1587 wurde die Festung von einem Blitz getroffen, der den Pulverturm explodieren ließ: Danach war das Gebäude nicht mehr wiederzuerkennen und wurde mit Hilfe des Architekten Fontana neu gestaltet, dem die Kerker (die bis in die 1970er Jahre traurige Berühmtheit genossen) und die Kirche von Sant’Erasmo mit dem Grabmal von Pedro de Toledo zuzuschreiben sind. Auch die neue Anlage des Exerzierplatzes geht auf diese Epoche zurück, der von Rängen umgeben ist, die heute zu den beliebtesten Aussichtspunkten Neapels zählen.

Im Laufe der Jahrhunderte hat die Feste vielen Belagerungen widerstanden und Neapel geschützt, freilich auch beherrscht. So etwa während des Masaniello-Aufstands: Empört von den erbärmlichen Lebensbedingungen versuchte die Bevölkerung, die Festung zu stürmen, aber deren Kanonen legten die Stadt und die Aufständischen in Schutt und Asche. Die Repression, die folgte, war unbarmherzig und erstickte die nur zehn Tage währende Revolution im Blut. Während der neapolitanischen Republik von 1799 waren es dagegen die Republikaner, die von Sant’Elmo aus das Feuer auf die Gegenrevolutionäre eröffneten.

Adresse Largo San Martino, collina del Vomero, 80129 Napoli, Tel. 081/5587708 | **ÖPNV** Vanvitelli (Metro 1) | **Öffnungszeiten** täglich 8.30–19.30 Uhr (letzter Einlass um 18.30 Uhr), im Winter verkürzte Öffnungszeiten | **Tipp** In der Feste kann man das Museo del Novecento besuchen, in dem Kunstwerke aus den Jahren 1910 bis 1980 ausgestellt sind. Di geschlossen.

17 Die Certosa di San Martino

Das Meisterwerk des Fanzago

Auf dem Vomero-Hügel oberhalb der Stadt lassen sich die zwei großen Gebäude nicht übersehen: das riesenhafte Castel Sant'Elmo (siehe Ort 16), als Belforte im frühen 14. Jahrhundert gegründet, und die Kartause von San Martino, die große Klosteranlage.

Die heutigen barocken Formen der Kartause verdanken sich der Umwandlung durch Cosimo Fanzago zur Mitte des 17. Jahrhunderts. Der riesige Bau beherbergt das gleichnamige Nationalmuseum, eines der wichtigsten der Stadt mit Werken unzähliger Künstler wie Stanzione, Caracciolo, Vaccaro, Fanzago selbst und vielen anderen.

Aber die Kartause hält noch mehr Überraschungen parat, zum Beispiel die beiden Kreuzgänge. Der *Chiostro Grande* stammt aus dem ausgehenden 16. Jahrhundert, als Fanzago, wohl auf dem Werk anderer Architekten aufbauend, einen zuvor bestehenden umwandelte. Wunderschön die 60 Marmorbögen voller Verzierungen und Intarsien, die das Ergebnis von Verbesserungen und Erweiterungen des nachfolgenden Jahrhunderts sind. Die Balustrade zieren Statuen von Naccherino, Caccini, Perasco und Fanzago und weitere Skulpturen von Vaccaro aus dem frühen 18. Jahrhundert. Gleich daneben eröffnet sich der *Chiostro dei Procuratori*, ein Werk von Dosio und ebenfalls aus dem ausgehenden 16. Jahrhundert, weniger imposant, aber genauso schön. Beide Wandelgänge sind mit reich dekorierten Brunnen versehen. Der des *Chiostro Grande* ist wirklich beeindruckend und führt in eine tiefe unterirdische Zisterne, ein wahres Meisterwerk des Wasserbaus. Er trägt die Handschrift des vielseitigen Fanzago, der auch Urheber des sehenswerten Friedhofs der Kartäuser ist. Dieser liegt in einem abgezäunten Bereich im Kloster und besticht durch die Dekoration mit marmornen Schädeln, die mit Bändchen verknüpft sind.

Die Kartause ist zu Recht eines der Symbole Neapels und einer der Orte, die man nicht verpassen sollte.

Adresse Largo San Martino 5, 80129 Napoli, Tel. 081/2294502 | ÖPNV Vanvitelli (Metro 1); Morghen (Seilbahn von Montesanto) | Öffnungszeiten Kartause und Museum täglich 8.30–19.30 Uhr, Mi geschlossen | Tipp Vom Platz gegenüber dem Eingang der Kartause hat man einen der schönsten Ausblicke auf Neapel und sieht genau die gerade Linie der *Spaccanapoli*, die die Stadt in zwei Teile teilt.

18 Der Corpo di Napoli

Eine berühmte Nil-Statue

Ein bärtiges Antlitz, ein männlicher, muskulöser und halb nackter Körper, der im Liegen ein Füllhorn stemmt, Symbol für Reichtum und Überfluss. Diese Statue findet sich im Herzen der Altstadt, an der Kreuzung der Via San Biagio dei Librai, Via Nilo und Via Paladino, an einer der lautesten und geschäftigsten Ecken Neapels. Im allgemeinen Trubel betrachten sie nur wenige kulturbeflissene Touristen mit dem Reiseführer in der Hand, die meisten folgen eher dem Glitzern von Ständen und Souvenirläden.

Die Skulptur ruht oberhalb des Straßenniveaus auf einem Steinsockel, als würde sie über diesen Teil Neapels wachen. Sie geht auf die griechisch-römische Epoche zurück (2. bis 3. Jahrhundert n. Chr.), genauer gesagt auf einen Zeitraum, in dem sich eine Kolonie Ägypter in der Stadt ansiedelte. Denn nicht zufällig zeigt die Statue den Gott Nil über den Wassern liegend.

Die Geschichte dieser Statue ist lang, oft war sie verschwunden, um dann wieder zufällig aufzutauchen. Nachdem sich ihre Spuren schon verloren hatten, wurde sie im 12. Jahrhundert bei Bauarbeiten an einem Palazzo ohne Kopf wiedergefunden. Sie blieb an verschiedenen Orten ausgestellt, um dann erneut bis zur Mitte des 15. Jahrhunderts spurlos zu verschwinden, der Epoche ihrer abermaligen Auffindung.

Auch in diesem Fall fehlte der Kopf, was zu einem Missverständnis führte, denn man hielt die Statue für einen Frauenkörper, der Putten die Brust gab, um damit metaphorisch die Stadt und ihre Bewohner zu repräsentieren. So entstand der Name »'o cuorp''e Napule«, der Leib Neapels, wie er in vielen Quellen der Zeit und nachfolgender Epochen auftaucht – auch dann, als der Kopf im Laufe des 17. Jahrhunderts wieder aufgesetzt wurde. Noch heute trägt die Skulptur zusammen mit dem Platz, auf dem sie steht, diesen Beinamen. Eine Putte und die Sphinx wurden später gestohlen, gelangten jedoch nach sorgfältiger Restaurierung wieder an ihren Platz.

Adresse Largo Corpo di Napoli, 80134 Napoli | **ÖPNV** Dante (Metro 1); Piazza del Gesù (Bus E 1) | **Öffnungszeiten** immer geöffnet | **Tipp** Unter Hausnummer 1 in Via San Biagio dei Librai befindet sich eines der bestbestückten Teegeschäfte der Stadt: Qualcosa di tè (Tel. 081/5523158, www.qualcosadite.com).

19 Die Corporea

Reise in den menschlichen Körper

Im Jahr 1987 gründete eine Gruppe von Wissenschaftlern und Einrichtungen die Stiftung IDIS, die ein Festival der Wissenschaft namens »Futuro Remoto« (Ferne Zukunft) ins Leben rief. Aus dieser Erfahrung ging die Città della Scienza, die Stadt der Wissenschaft, hervor, ein weitläufiger Gebäudekomplex in einer Industriebrache von Bagnoli. Es handelt sich um eines der größten *Science Centres* Europas.

Corporea ist ein vollkommen neuartiger interaktiver musealer Raum über den menschlichen Körper. Hier kann man zu den Zellen und den Organen reisen und sehen, wie das ausgefeilte Kommunikationssystem zwischen den einzelnen Körperteilen funktioniert. Vorbild von Corporea ist das berühmte Exploratorium von San Francisco: Die Idee seines Gründers Frank Oppenheimer war es, das Schöne als Schlüssel zu nutzen, um dem Lernprozess die Tür zu öffnen. Das neapolitanische Museum ist reich an manchmal lustigen Exponaten, wie dem tanzenden Skelett, dem Roboter, der den Gesichtsausdruck seines menschlichen Gegenübers kopiert, dem Aufnahmegerät, das die Herzschläge in Trommelwirbel umwandelt, der Maschine, die die physiologischen Parameter bei körperlicher Aktivität vorliest, oder dem Bildschirm des Muskel-Skelett-Systems der Besucher. Schließlich gibt es auch eine Liebesmaschine, an der Heranwachsende einen bewussten Umgang mit Sexualität lernen können. Die Erlebniswelt namens »C'è nessuno?« (»Ist da jemand?«) simuliert einen Echografen und ermöglicht es, die Entwicklung eines Fetus im Laufe der Wochen zu beobachten.

Nach Corporea geht der Besuch im neu eröffneten 3-D-Planetarium weiter, dem größten Italiens, und mit der interaktiven Meeresschau in der Officina dei piccoli. In der Città della Scienza gelangt man also nahtlos vom unendlich Kleinsten im menschlichen Körper zum unendlich Größten im Universum und kann spielend lernen, wie unsere Natur funktioniert.

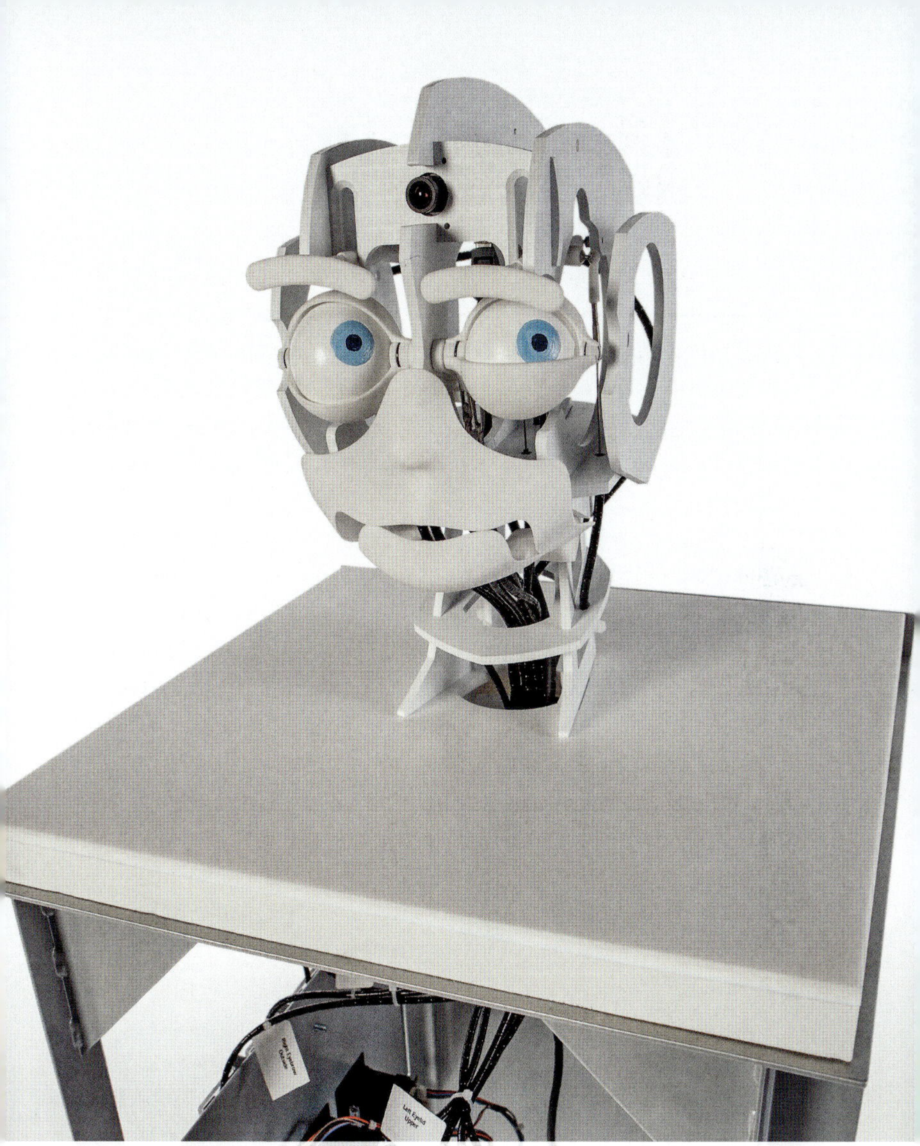

Adresse Città della Scienza, Via Coroglio 104, 80124 Napoli, Tel. 081/7352424, www.cittadellascienza.it | ÖPNV Bagnoli (Eisenbahnlinie Cumana, dann zu Fuß bis zur Piazzetta Bagnoli und Buslinie C 1 oder R 7) nehmen; Campi Flegrei (Metro 2, dann Buslinie C 1 oder R 7) | Öffnungszeiten Mo – Sa 9 – 17 Uhr, So und Feiertage 10 – 18 Uhr, es gibt Führungen und Abos für mehrmaligen Eintritt | Tipp Ebenfalls auf der Via Coroglio, aber unter Hausnummer 14/b, liegt das Arenile von Bagnoli (Tel. 081/5706035, www.areniledibagnoli.it), eine große Fläche für Veranstaltungen und Aufführungen mit einem üppigen Konzertkalender.

20 Der Curniciello

Ein garantiert wirksames Amulett

Zu den mächtigsten Symbolen gegen Unglück gilt den notorisch abergläubigen Neapolitanern das *cornetto* (Hörnchen) oder auf Neapolitanisch *curniciello*: eine Glücksbringer-Chilischote, die den bösen Blick abwehrt und das Glück garantiert. Um aber wirklich seine Wirkung zu entfalten, muss dieses *tuosto, stuorto e cu 'a ponta*, also fest, krumm und spitz, sein. Und natürlich eine knallrote Farbe aufweisen. Noch besser ist es, wenn es aus Koralle gefertigt ist.

In Neapel kann man die *cornetti* praktisch überall erwerben, vor allem in den kleinen Läden zwischen Spaccanapoli, San Gregorio Armeno und Via dei Tribunali. Aber Achtung: Das *curniciello* darf nicht gekauft werden, man muss es zum Geschenk erhalten. Normalerweise schenkt man es Menschen, die eine Prüfung ablegen oder eine Krankheit überstehen müssen, aber auch wer ein Haus oder ein Auto kauft, ist häufig Adressat eines *peperoncino* (das in diesem Fall an den Rückspiegel gehängt wird). Auch als Glücksbringer im Geschäftlichen oder im Lottospiel, einer anderen großen neapolitanischen Leidenschaft, ist es allgegenwärtig. Jeder in Neapel besitzt mindestens eines und zeigt es in Form von Schlüsselanhängern, an der Halskette, als Ohrring und so weiter.

»Alle Formen des Aberglaubens auf der Welt kommen in Neapel zusammen«, schrieb Matilde Serao. Die Beschwörung ist integraler Teil der neapolitanischen Mentalität, und ihre Rituale durchdringen alle Lebenssituationen: Wehe dem, der einen Spiegel zerbricht, Öl vergießt, sich Salz ausleiht, auf Füße fegt oder einen Regenschirm im Haus öffnet.

In Neapel ist der Aberglaube nicht nur im Leben und den Alltagsverrichtungen vorhanden, sondern notgedrungen auch in literarischen Werken, Romanen und der Dichtung. Daher stößt man in den Komödien von Eduardo De Filippo und Totò oft auf dieses Thema. Getreu dem Motto: Abergläubisch sein ist ignorant, es nicht zu sein, bringt Unglück.

Adresse sind überall im Zentrum zu erwerben, vor allem zwischen Spaccanapoli und Via dei Tribunali | ÖPNV Duomo / Tribunali (Buslinien E 1, E 2); Cavour (Metro 2) | Tipp Curnicelli in allen Formen und Materialien erstehen Sie bei Cosmos, einem Kunsthandwerksgeschäft in Via San Gregorio Armeno 5 (Tel. 081/19351165, www.cornocosmos.com).

21 Die Dinosaurier

Ciro und andere Fossilien

Vor uns steht das Fossil eines *Scipionyx samniticus*, eines Dinosauriers, der vor über 100 Millionen Jahren lebte. Aber alle kennen ihn unter seinem Kosenamen Ciro, denn so hatte ihn die Presse nach seinem Fund in den Kalkfelsen des Matese-Gebirges in 50 Kilometern Entfernung von Neapel getauft. Man schrieb das Jahr 1980, und dieses etwa 30 Zentimeter große Gesteinsfragment enthielt den ersten in Süditalien aufgefundenen Dinosaurier.

Das nur einige Zentimeter große Fossil gehört zu einem Jungtier, das in der Unterkreide lebte, einem Erdzeitalter, das den Zeitraum von 145 bis ca. 100 Millionen Jahren umfasst.

Es lebte am Rand einer damaligen tropischen Lagune. Als es aus unbekannten Gründen starb, wurde sein Körper von Sedimenten überlagert. So versiegelt, fossilierte es langsam, sodass wir es fast vollständig und perfekt konserviert bewundern können. Die inneren Organe sind wunderbar zu sehen, und die Paläontologen konnten ihre Anordnung bestimmen, was generell bei so alten Fossilien schwierig ist. Es konnten sogar Reste der letzten Mahlzeit im Magen ausgemacht werden, kleine Fische und Reptilien aus der Lagune.

Nachdem er lange Jahre als Studienobjekt fungierte, ist Ciro heute in den Sälen des paläontologischen Museums der Universität Neapel im Gebäudekomplex San Marcellino e Festo ausgestellt, wo sich auch die Fakultät der geologischen Wissenschaften befindet.

Aber er ist nicht der einzige Dinosaurier des Museums. Im Hauptsaal prangt das elegante Skelett eines *Allosaurus fragilis*, eines großen Reptils aus dem Jura (also weit vor Ciro), das 1993 in den USA gefunden wurde. Dieser Dinosaurier ist sehr viel größer: achteinhalb Meter lang und mehr als drei hoch. Mit Hilfe eines Systems von Drahtseilen schwebt er über dem schönen Majolika-Fußboden des Konvents aus dem 18. Jahrhundert. Eine stimmungsvolle Begrüßung der Besucher, die unter ihm den Saal betreten.

Adresse Largo San Marcellino 10, 80138 Napoli, Tel. 081/2537587, www.cmsnf.it | **ÖPNV** Università (Metro 1), Cavour/Montesanto (Metro 2; Bus R2) | **Öffnungszeiten** Mo–Fr 9–13.30 Uhr, Mo und Do auch 14.30–16.45 Uhr | **Tipp** Verlässt man das Kloster zur Rechten, führen die Treppen von San Marcellino bis hinunter zur Piazzetta Portanova. Unter Hausnummer 10 befindet sich im ersten Stockwerk der Sitz von Pigrecoemme, eine Schule für Kino und Fotografie, die Kurse und interessante Veranstaltungen organisiert (www.pigrecoemme.com, Tel. 081/5635188).

22 Die Druckwerkstatt

Setzerkunst wie einst

Die Via dell'Anticaglia ist eines der malerischsten Sträßchen Neapels. Der Name selbst (Anticaglia bedeutet Antiquitäten) kündet schon von dem, was man hier vorfindet: Woanders ausgestorbene Berufe haben hier überlebt, darunter auch der des Typografen. Carmine Cervone, Sohn und Enkel von Buchdruckern, hat beschlossen, mit der Setz- und Drucktechnik mit beweglichen Lettern zu arbeiten. Dazu hat er sich eine alte Linotype-Setzmaschine zugelegt, eine Maschine aus dem ausgehenden 19. Jahrhundert, mit der man wie auf einer normalen Schreibmaschine arbeiten kann. Die Abfolge von Tasten erzeugt mechanisch Zeichen für Zeichen eine Zeile, die anschließend zur Seite geschoben wird. In einer Kesselanlage wird kontinuierlich Blei geschmolzen und die Schmelze auf den Abschnitt mit der Matrize gesprüht. So entsteht die zum Druck geeignete Druckzeile. Zeile um Zeile komponiert man die Seite.

Dieses System, das uns heute primitiv vorkommt, markierte eine echte Revolution im Satz. Heute arbeitet man mit Computern, aber die geniale Idee von Carmine war es, die alte Technik wiederentdeckt und aus ihr eine Kunst gemacht zu haben. In seiner Werkstatt für grafische Kunst kann man sich Plakate, Visitenkarten, Titelbilder mit Gravierungen, Seiten und ganze Bücher mit diesem antiquiert wirkenden System anfertigen lassen. Das Resultat ist sehr originell und unnachahmlich, denn die Zeichen sind auf der gedruckten Seite eingepresst und wirken viel dreidimensionaler.

Carmine liebt das Analoge, weil es im Gegensatz zum Digitalen keine Fehler zulässt. Als solider Handwerker lebt er die Körperlichkeit, die haptischen Empfindungen, die Gerüche und Geräusche der Druckmaschinen, dieselben, mit denen er bereits als Kind spielte. Als Hommage an diese Erinnerungen hat er nebendran ein winziges Druckereimuseum eröffnet – vorerst wohl das weltweit kleinste.

Adresse Strada dell'Anticaglia 10–12, 80138 Napoli, Tel. 081/295483 | **ÖPNV** Museo (Metro 1), Cavour (Metro 2); Duomo (Buslinien E 1, E 2) | **Öffnungszeiten** Mo–Sa 9–19.30 Uhr, carmine.cervone@libero.it | **Tipp** Unter Hausnummer 22 derselben Straße befindet sich die urige Werkstatt, wo Federica Castro künstlerische Mosaike schafft (Tel. 081/0332409, www.ilmosaicoartistico.it).

23 Die Einsiedelei

Eine Oase des Friedens

Es gibt Orte in Neapel, die vergessen lassen, dass man sich in einer überfüllten und chaotischen Stadt befindet. Einer davon ist die Einsiedelei des SS. Salvatore, ein großer Klosterkomplex auf dem Hügel von Camaldoli. Der Ende des 16. Jahrhunderts von Giovanni d'Avalos, dem Sohn von Alfonso von Aragonien, gegründete Bau wurde dem Orden der Kamaldulenser anvertraut, die hier nach dem benediktinischen Gebot des *ora et labora* lebten.

Der Baustil der Spätrenaissance prägt einen großen Teil der Anlage und verdankt sich dem Projekt des Architekten Domenico Fontana. Das Hauptgebäude des Klosters ist von einer weitläufigen Grünfläche mit Gemüsegärten und Weinbergen umgeben, auf der kleine Hütten mit den ehemaligen Zellen der Mönche eingelassen sind. Die mit Barockelementen reich verzierte Kirche bewahrt einen kostbaren Altar des Fanzago und einige Gemälde von Luca Giordano und Massimo Stanzione.

Heute wird die Einsiedelei von den Schwestern der Heiligen Brigitte geführt, die einen ganzjährig geöffneten Gästetrakt mit Mensa und Sälen für Tagungen und Versammlungen leiten. Ein ganz besonderer Aufenthalt winkt hier, denn einige der Kammern befinden sich in den ehemaligen Zellen der Mönche auf der Grünanlage. Hier kann man zwischen den Blumen des großen Gartens und den gepflegten Beeten bis zum Belvedere flanieren.

Von dort genießt man einen spektakulären Ausblick auf die gesamte Stadt, den Golf und die Küste, die sich nach Süden bis zur sorrentinischen Halbinsel erstreckt. Der Blick schweift über die Städte Torre del Greco, Herculaneum, Torre Annunziata und Pompeji bis nach Castellammare. Fast immer sieht man auch Sorrento und die kleinen Dörfer im Inland sehr gut, bis nach Punta Campanella vor der Insel Capri.

Es lohnt sich also, hier oben anzulangen. Erholung und Ruhe sind garantiert, und man hält ganz Neapel mit einem Blick umfangen.

Adresse Via dell'Eremo 87, 80131 Napoli, Tel. 081/5872519, 081/5875807, www.brigidine.org | **ÖPNV** Dell'Eremo/Parco Pubblico (Bus C 44) | **Öffnungszeiten** täglich 9 Uhr bis Sonnenuntergang (Klingel betätigen) | **Tipp** Auf dem Hügel von Camaldoli gibt es auch einen schönen Stadtpark, ideal für lange Spaziergänge.

24 Ferrigno

Die Kunst der Krippe

»Te piace 'o presepio?« Mit diesem Satz (»Gefällt dir die Krippe?«) wendet sich Luca an seinen Sohn Tommasino in der berühmten Komödie »Natale in casa Cupiello« von Eduardo De Filippo. Die Krippe, die Darstellung der Geburt Jesu, gehört zu den innigsten Bräuchen der Neapolitaner und ist nicht nur in der Stadt, sondern in ganz Süditalien verbreitet.

Zum ersten Mal tauchen sie in Dokumenten um das Jahr 1000 auf, und einige Jahrhunderte bleiben sie ein Hobby der Adligen, die bei Künstlern veritable hölzerne Skulpturen in Auftrag geben, die sogenannten *pastori* (Schäfer). Im 17. Jahrhundert wird die Krippe zum Volksbrauch und die Geburt mit Gaststätten, Läden und Waren jeder Art ausgeschmückt. Heute gibt es in der Weihnachtszeit kein Haus in Neapel, das nicht mindestens eine besitzt.

In der klassischen Version gehören zu ihrer Einrichtung auch antikeTrümmer, eine eindeutige Anspielung auf die Säulen von San Paolo Maggiore an der Piazza San Gaetano. Genau hier schlägt denn auch das Herz der neapolitanischen Krippenkunst: Auf der hügelabwärts führenden Via San Gregorio Armeno reihen sich die Läden der besten Krippenbauer. Diese Kunsthandwerker entwerfen und fabrizieren alles Notwendige, um eine zünftige Krippe gemäß der Tradition auszustatten: Schäfer, Schafe, Hütten, Alltagsgegenstände, Obstkörbe, Fische und Schinken, die unglaublich echt aussehen. Nicht zu vergessen natürlich die Figuren der Geburt Christi. Allesamt in Miniatur.

Zu den renommiertesten Werkstätten zählt die der Familie Ferrigno, die seit 1836 dieses Gewerbe ausübt. Der Laden ist ein Schrein der Wunder: Man sieht Handwerker echte Kunstwerke erschaffen, Schäfer aus Terrakotta mit handgenähten Kleidern aus Stoff und mit Details, die der großen Bildhauerei in nichts nachstehen. Die Figuren stehen auf sogenannten *scogli* (Felsen) oder in sehr eleganten Glasglocken, wie man es früher hatte.

Adresse Via San Gregorio Armeno 8, 80138 Napoli, Tel. 081/5523148, www.arteferrigno.it | ÖPNV Duomo/San Biagio dei Librai (Buslinien E 1, E 2) | Öffnungszeiten Während der Geschäftsöffnungszeiten, in der Weihnachtszeit, bleiben die Ateliers bis spät geöffnet. | Tipp Auf der Via dei Tribunali unter Hausnummer 325–327 muss man die Sfogliatelle und vor allem die Babà der Pasticceria Capparelli kosten (Tel. 081/454310), die zu den renommiertesten im Zentrum gehört.

25 Die Festung von Baia

Wo die Geschichte wohnt

Angeblich soll sie Cäsar gehört haben, die römische Villa auf einem Vulkanfelsen nahe Baia in der Gemeinde Bacoli vor den Toren Neapels.

In republikanischer Zeit zählte dieser Ort zu den gefragtesten des Reiches: Wer hier wohnte, stellte seinen Reichtum und seine Macht gerne aus und genoss einen der schönsten Ausblicke auf den Golf und die Inseln, mit dem Vesuv, der sich elegant und majestätisch im Hintergrund abhebt.

Eben vor dieser Kulisse errichteten die Aragonesen im 15. Jahrhundert auf den Grundfesten der römischen Villa eine Burg. Das Gebäude wurde später zur heutigen Festung umgebaut und erweitert und ist heute ein guter Grund für einen Ausflug ins Umland.

Sie ist nicht nur ein schöner Ort für einen Spaziergang vor einzigartigem Panorama, sondern lädt auch zur Entdeckung der Geschichte ein. Nach fast einem Jahrhundert des überwiegenden Leerstands zog 1993 nämlich das wunderschöne Archäologische Museum der Phlegräischen Felder ein. Im beeindruckenden Gipssaal werden römische Kopien griechischer Skulpturen gezeigt, die zur Verschönerung öffentlicher Gebäude und Villen der Gegend verwendet wurden. Herrlich auch das Kaiserliche Nymphäum von Punta Epitaffio, reich an Skulpturen und Marmorschmuck, das in mühevoller Arbeit von Unterwasserarchäologen im Küstenabschnitt zwischen Baia und Pozzuoli geborgen wurde. Oder die beeindruckende Fassade des Heiligtums der Augustalen aus Misenum. Neben dem Heiligtum sticht eine schöne bronzene Reiterstatue Kaiser Domitians heraus, die den Kopf seines Nachfolgers, des Kaisers Nerva, trägt.

Ein Teil des Museums ist den antiken Befestigungen des sogenannten Rione Terra vorbehalten, der ersten Ansiedlung von Puteoli, dem heutigen Pozzuoli, auf einer Anhöhe gelegen, um diesen Küstenstrich besser zu überwachen. Bevor man in die Stadt zurückkehrt, sollte man noch den Ausblick vom Exerzierplatz auf der Burgspitze mitnehmen.

Adresse Via Castello 39, 80070 Bacoli (Na), Tel. 081/5233797, www.cir.campania.beniculturali.it | ÖPNV Montesanto (Metro 2), dann Eisenbahnlinie Cumana bis Fusaro oder Buslinie Eav von Piazza Garibaldi in Richtung Monte di Procida | Öffnungszeiten Di–So 9–14.30 Uhr (letzter Einlass um 13 Uhr), Mo geschlossen | Tipp Neben der archäologischen Stätte von Baia (siehe Ort 8) lohnen die nahen Seen Lucrino und Averno einen Abstecher, bei denen es sich um ehemalige Vulkankrater handelt.

26 Die Findelkindklappe

Heim für ausgesetzte Neugeborene

Es gab Zeiten, in denen Neugeborene aus Gründen der Armut oder weil sie aus außerehelichen Beziehungen hervorgegangen waren, ausgesetzt und von Findern oder den Müttern selbst kirchlichen Einrichtungen anvertraut wurden. Dies konnte dank der *ruote degli esposti* (Räder der Ausgesetzten), also einer Art Babyklappe, in anonymer Form geschehen. Diese hölzernen Mechanismen hatten die Form einer zylindrischen Drehtür. Hatte man das Neugeborene hineingelegt, konnte man per Klingel das Wachpersonal, üblicherweise eine Nonne, benachrichtigen, die den Zylinder herumdrehte, das Kind entnahm und ihm die erste Pflege verabreichte.

Diese in ganz Europa seit dem 12. Jahrhundert übliche Praxis war bis zum Ende des 19. Jahrhunderts gängig. In Italien wurde sie sogar erst 1923 abgeschafft: Auch in Neapel wurden diese Einrichtungen lange betrieben: Der Nachname Esposito (Italienisch für »Findelkind«), einer der häufigsten in der Stadt, ist der schlagende Beleg dafür. Erst in modernen Zeiten können Frauen anonym gebären oder ihre Kinder nicht anerkennen, sondern zur Adoption freigeben.

Eines dieser »Räder« befand sich in der Klosteranlage der Annunziata Maggiore a Forcella. Es wurde jüngst restauriert und lässt sich zusammen mit einer kleinen Dauerausstellung über die Geschichte des Ortes besichtigen.

In der Kirche werden auch die Register aufbewahrt, auf denen fünf Jahrhunderte lang sämtliche »Findelkinder« mit Datum und Uhrzeit des Eingangs, Maßen und Gewicht, eventuellen Mitteilungen, mitgegebenen Gegenständen, Zetteln oder anderen Kennzeichen aufgeführt wurden, anhand derer die Eltern ihr Kind möglicherweise später anerkennen konnten, wenn sich ihre finanziellen Umstände gebessert hatten.

Das Rad der Annunziata wurde offiziell bis 1875 betrieben, aber der Brauch, Neugeborene auf den Stufen der Kirche auszusetzen, setzte sich noch viele Jahrzehnte lang fort.

Adresse Via Annunziata 34, 80139 Napoli, Tel. 081/283017, www.annunziatamaggiore.it | ÖPNV Garibaldi (Metro 1) | Öffnungszeiten Mo–Sa 9–18.30 Uhr. Am besten betritt man die Einrichtung über den Innenhof der Real Casa dell'Annunziata in Via Egiziaca a Forcella 18. | Tipp Auf der linken Seite des Innenhofs der Real Casa liegt die eigentliche Basilika, ein Rundbau, der häufig für Konzerte und kleine Theateraufführungen genutzt wird.

27 Das Foltermuseum

Schauder in der Altstadt

Dies ist kein Ort für schwache Mägen. Das Museum zeigt Werkzeuge und Techniken der Folter, die vom 16. bis zum 18. Jahrhundert und noch früher in der mittelalterlichen Inquisition zum Einsatz kamen. Gezeigt werden viele Originalstücke sowie getreuliche Rekonstruktionen. Bei den teuflischen Apparaturen kann man sich mitunter nur mit Mühe vorstellen, wie jemand sie erfinden, geschweige denn einsetzen konnte. Ein großes Repertoire ist zu sehen: Von metallischen Gegenständen, die als Brandeisen für Häretiker dienten, bis zu großen Maschinen, die durch Streckung, Reißen oder langsame Penetration unerträgliche Schmerzen bewirkten. Beeindruckend der Inquisitionsstuhl, der von spitzen Stacheln geziert wird; oder auch die Nagelbüste, die Brust und Schultern durchbohrte. Natürlich wird auch eine Garrotte gezeigt, die in Spanien traurigerweise bis in die jüngere Vergangenheit statt des Galgens Verwendung fand: Sie bewirkt langsames Erdrosseln und den Bruch der Halswirbel. Ein Pranger, das geläufigste Folterinstrument seit dem Mittelalter, darf auch nicht fehlen. Dazu gibt es Apparate für die Zwangspraktiken der Keuschheit, wie Gürtel, Käfige und Metallbänder.

Die Ausstellung geht weiter mit Greifern und Kneifzangen zum Herausreißen der Zunge und Hinzufügen weiterer, unvorstellbarer Schmerzen; Metallringen mit Bolzen zum Zusammendrücken des Schädels; nägelbesetzten Rollen für den Rücken und Stachel für die Kehle; Riemen zur Fixierung und Hebeln zum Zermalmen. Selbstverständlich anwesend sind Peitschen, Geißeln, furchterregende Sägen, Schläger, Nägel und andere grausame Instrumente.

Dieses kleine Museum, das vom Geschichts- und Kulturverband Neapel geleitet wird, ermöglicht seinen Besuchern einen kurzen Ausflug in die menschliche Grausamkeit. So atmet man am Ende, wenn man durch den Ausgang erneut in das bunte Treiben der Via San Biagio dei Librai stürzt, erleichtert auf.

Adresse Vico Santa Luciella ai Librai 18/b, 80138 Napoli, Tel. 081/5523756 oder 336/749090, www.museodelletorture.it | ÖPNV Dante oder Museo (Metro 1), Cavour (Metro 2) | Öffnungszeiten täglich 10–19 Uhr | Tipp Genau gegenüber der Gasse befindet sich in Via San Biagio dei Librai 115 die Pizzeria Vesi (Tel. 081/5511035), die den großen Namen in nichts nachsteht.

28 Das Fotoarchiv Carbone

Gedächtnis der Stadt

Riccardo Carbone, Jahrgang 1897, war bereits als junger Mann Amateurfotograf, wurde aber bei seiner Arbeit für die Tageszeitung der Stadt »Il Mattino« rasch zum Vollblutprofi. Zu seinem fotografischen Ressort im Blatt zählten der Lokalteil, Politik, Theater und Sport. Er dokumentierte Ereignisse aller Art, von Straßenarbeiten über die Aufstellung einer Ampel bis hin zur Mordtat an einem Unbekannten oder die Ankunft einer Berühmtheit, zu einer Zeit, in der der Hafen von Neapel obligatorische Etappe auf dem Weg in den Süden Italiens war. Carbone war bis 1970 tätig und machte oft mehrere Fotoshootings am Tag. Sein Archiv zählt etwa 500.000 Negative, die in einem halben Jahrhundert entstanden. Im Laufe dieser langen Karriere katalogisierte der Fotograf mit akribischer Genauigkeit sämtliche Aufnahmen.

Heute kümmert sich Sohn Renato, ebenfalls Fotograf, um dieses immense Archiv. 2016 hat er einen Kulturverein ins Leben gerufen, um die Bilder zu bewahren und sie frei zugänglich zu machen. Der Sitz des Vereins befindet sich im ersten Stockwerk eines Gebäudes in der Via Toledo. Hier werden die Negative in speziellen Behältnissen vor dem Verfall geschützt und bei konstanter Temperatur und Feuchtigkeit aufbewahrt. Nach und nach erfolgen ihre Digitalisierung und Online-Veröffentlichung, sodass man sie nach Schlüsselwörtern oder nach Daten oder Ort auffinden kann.

Wie man sich vorstellen kann, ist der Scanprozess langsam und kostspielig, sodass bisher nur ein winziger Teil des Archivs erfasst wurde. Aber alle können ihren Beitrag leisten: So lässt sich die Digitalisierung eines Bildbeitrags zu einem bestimmten Anlass oder einem Datum in Auftrag geben: Gegen einen kleinen Unkostenbeitrag unterstützt man das hehre Unterfangen und erhält dafür ein Foto nach Wahl.

Das Archiv Carbone ist eines der vollständigsten, genauesten, ein kaum bekannter Schatz Neapels.

Adresse Via Toledo 406, 80134 Napoli, Tel. 081/2514023, www.archiviofotograficocarbone.it | ÖPNV Dante oder Toledo (Metro 1) | Öffnungszeiten nach Vereinbarung mit den Ansprechpartnern: Giovanni Nicois Tel. 333/6436258, Letizia Del Pero Tel. 342/9750701 | Tipp Unweit von hier liegt der Palazzo Carafa di Maddaloni in Via Maddaloni, zwischen Via Toledo und Via Sant'Anna dei Lombardi. Das Bauwerk von Fanzago gilt als eines der schönsten der Stadt.

29 Der Friedhof der Fontanelle

Seelen und Capuzzelle

Man kann kaum sagen, was der interessanteste und kurioseste Ort Neapels ist, so vielfältig an mysteriösen, esoterischen und bizarren Dingen ist diese Stadt. Aber der Friedhof der Fontanelle ist wirklich etwas Besonderes. Nicht nur aufgrund der Tausenden von menschlichen Schädeln, die hier aufbewahrt werden, sondern auch wegen seiner Geschichte. Es handelt sich um einen ehemaligen Tuffsteinbruch zur Gewinnung von Baumaterial. Der Steinbruch bedeckt eine Fläche von 3.000 Quadratmetern und bringt es auf beeindruckende 3.000 Kubikmeter Rauminhalt. Hier wurden Anfang des 17. Jahrhunderts die Leichen Abertausender Opfer der im Laufe der Jahrhunderte über die Stadt hereinbrechenden Epidemien bestattet. Im ausgehenden 19. Jahrhundert beschloss man, Ordnung in diesen unterirdischen Friedhof zu bringen, die Knochen wurden in langen, von Schädeln geschmückten Reihen angeordnet, was einen sehr eindrücklichen und weltweit einzigartigen Effekt hervorruft.

Der Ort war jahrzehntelang geschlossen, aber im Gedächtnis der Stadt immer präsent geblieben, sodass die Neapolitaner ihren Brauch der *capuzelle*, also die »Adoption« und Pflege eines Schädels im Austausch gegen Wohltätigkeiten aus dem Jenseits, hier unbeirrt fortführten. Jeder adoptierte Schädel erhielt einen Namen, ihm wurden Nahrungsmittel oder Geschenke wie Blumen oder andere symbolische Gaben dargebracht. Es ist dies nichts anderes als der tausendjährige Kultus der Toten, der hier noch stark verwurzelt ist. Einige Schädel des Friedhofs der Fontanelle besitzen eine Geschichte, die weit zurückreicht. Der berühmteste ist vielleicht der sogenannte »Capitano«, der in einer gläsernen Vitrine verwahrt und ständig geputzt und blitzblank gewienert wird. Nach langen Befestigungsarbeiten ist der Gruben-Friedhof seit 2011 wieder öffentlich zugänglich. Er ist Eigentum der Gemeinde und gehört regulär zum städtischen Friedhofsnetz.

Adresse Via Fontanelle 80, 80136 Napoli, Tel. 081/7956160 | **ÖPNV** Materdei (Metro 1; Buslinien C 51, C 53) | **Öffnungszeiten** täglich 10–17 Uhr, Eintritt frei, Führungen durch den Verein Insolitaguida, Tel. 338/9652288 | **Tipp** Der Bahnhof Materdei der Linie 1 der U-Bahn, gestaltet von Alessandro Mendini, enthält zahlreiche Kunstwerke und lohnt einen Besuch.

30 Der Friedhof der Tränen

Das Grab von Totò

Neapel wohnt eine eigenartige Ökonomie inne, nichts verkommt, alles wird wiederverwendet, auch wenn es sich um Begräbnisorte handelt. Die furchtbare Pest, die 1656 in der Stadt wütete, dezimierte die Bevölkerung, sodass man wochenlang viele Kadaver bestatten musste, manchmal bis zu 1.000 am Tag. Man beschloss daher, die Toten außerhalb der Stadt zu beerdigen und dafür einige Höhlen unter dem Poggioreale-Hügel zu nutzen. Diese wurden mit einer großen Mauer versiegelt, vor der man 1662 eine Kirche errichten ließ: Santa Maria del Pianto.

200 Jahre später wurden an diesem Ort wieder Verblichene bestattet, und das gesamte Areal verwandelte sich in einen echten Friedhof, der den Namen der Kirche annahm.

Die Neapolitaner nennen ihn schlicht Cimitero del Pianto (Friedhof der Tränen) und sind ihm sehr verbunden. Nicht nur weil er eine hübsche Aussicht bietet, sondern vor allem, weil hier illustre Vertreter des städtischen Geisteslebens begraben liegen, etwa der Komödienschreiber Eduardo Scarpetta (1853–1925), der große Tenor Enrico Caruso (1873–1921) und der Komiker Nino Taranto (1907–1986). Über allen aber thront Prinz Antonio De Curtis, genannt Totò (1898–1967), der größte Komödiant Italiens und für die Neapolitaner ein echtes Idol. Das Grab kann man unweit vom Eingang über die kleine Straße erreichen, die an der Hügelflanke entlangführt. Ständig werden Blumen und Zettel abgelegt, einige Fans schicken gar Briefe, die die Wärter am Eingang der kleinen, Totò geweihten Kapelle deponieren.

Am Ende der 1980er Jahre fand man heraus, dass die Höhlen, in denen im 17. Jahrhundert die Opfer der Pest begraben wurden, riesige Tuffsteinbrüche der griechischen Epoche waren. Die Spuren, die deren Steinmetze hinterlassen haben, sind dieselben an einigen Resten der Stadtmauern in der Altstadt, zum Beispiel an der Piazza Bellini. So konnte man den Ursprungsort dieser Steine ausfindig machen.

Adresse Via Nuova del Campo, Largo Santa Maria del Pianto, 80141 Napoli | **ÖPNV** Cimitero del Pianto (Bus 182) | **Öffnungszeiten** täglich 8–14 Uhr | **Tipp** Die Besichtigung der Kapelle von Totò ist im Allgemeinen am Samstagvormittag von 7.30 bis 9.30 Uhr möglich.

31 Die Galleria Umberto I

Meisterwerk des Jugendstils

Das Gebiet von Santa Brigida, zwischen der Via Toledo und dem Castel Nuovo oder Maschio Angioino, gehört zu den wichtigsten Neapels. Im ausgehenden 19. Jahrhundert wurde hier diese elegante Galleria errichtet. Majestätisch in ihrem Jugendstil, mit einer riesigen Kuppel aus Glas und Metall, die man überall in der Stadt sieht, bedeckt sie einen achteckigen Platz, an dem sich zwei Straßen kreuzen, die eine verbindet die Via Toledo mit der Via Giuseppe Verdi, die andere führt von der Via Santa Brigida zur Via San Carlo und dem gleichnamigen Theater.

Planer des Bauwerks war der Architekt Emmanuele Rocco, an den eine Büste inmitten des Reliefsschmucks der Galleria erinnert. Er erhielt den Auftrag, eine Gegend zu sanieren, die einen üblen Ruf genoss und mehrmals Brutstätte der Cholera war. Rocco und nach ihm weitere Planer verwirklichten hier mehrere Stadtbauprojekte. Seit ihrer Eröffnung im Jahr 1890 ist die Galleria aufgrund ihrer Funktion als Geschäftszentrum ein Symbolort Neapels geworden, an dem man dem mondänen Leben nachging und wo 1906 der erste Kinosaal der Stadt eingerichtet wurde.

Der Haupteingang befindet sich an der Via San Carlo, nur einen Steinwurf von der atemberaubenden Piazza del Plebiscito entfernt. Innen ist die Galerie spektakulär. Zentrales Element ist die große Glaskuppel, ein Werk von Paolo Boubée (an den am Eingang der Via San Carlo mit einer Inschrift erinnert wird). Hebt man den Blick zu den halbkreisförmigen großen Fenstern, die die Kuppel stützen, bemerkt man den Davidstern, ein Freimaurer-Symbol. Die Bombenangriffe des letzten Kriegs zerstörten die Abdeckung, ließen die Verglasungen zu Bruch gehen und beschädigten den Fußboden, der in den 1950er Jahren erneuert wurde. Die Mosaiken im Mittelteil stellen die Winde und die Sternzeichen dar. Heute wie vor einem Jahrhundert sind hier renommierte Geschäfte und Büros zu Hause.

Adresse Via Toledo, Via Santa Brigida, Via Giuseppe Verdi, Via San Carlo, 80132 Napoli | **ÖPNV** Municipio oder Toledo (Metro 1); Augusteo (Seilbahn Centrale; Bus R2) | **Öffnungszeiten** Die Galerie ist immer geöffnet. Die Geschäfte halten sich an die normalen Öffnungszeiten. | **Tipp** Unterhalb der Galerie war der Salone Margherita in der Belle Époque das Café-Chantant der Stadt. Heute finden dort Veranstaltungen und Tanzabende statt (www.margheritango.it).

32 Das Gay-Odin

Die Schokolade von Neapel

Zum Ende des 19. Jahrhunderts machte sich der junge Chocolatier Isidoro Odin aus dem piemontesischen Alba in Richtung Süden auf. Sein Ziel war Neapel, damals in kultureller und künstlerischer Hinsicht eine blühende und sehr rege Stadt und daher ideal für den jungen Isidor, der hier ein Geschäft aufmachte und seine experimentellen Schokoladenzubereitungen offerierte. Er traf den Geschmack und die Gunst der Neapolitaner auf Anhieb und wurde rasch berühmt.

Zusammen mit Ehefrau Onorina Gay eröffnete er zwei weitere Filialen, darunter 1922 die in Via Vetriera. In den 1960er Jahren ging die Fabrik an die Familie Castaldi-Maglietta über, aber der Name Gay-Odin war mittlerweile zur unverwechselbaren Marke in der Stadt geworden.

Über ein Jahrhundert nach ihrer Gründung ist die Schokoladenfabrik immer noch für ihre Experimentierkünste und originellen Zubereitungen bekannt. Lassen Sie sich von den prächtigen Schaufenstern der verschiedenen Läden ruhig verführen, denn es lohnt sich, einige der bekanntesten Produkte zu kosten, wie *foresta*, Milchschokolade, die aussieht wie trockenes Holz, oder die *nudi*, gefüllte Pralinés und Bonbons. Von den Streichcremes, Likören und Eisspezialitäten ganz zu schweigen.

Heute gibt es in Neapel neun Geschäfte, etwa in Spaccanapoli in Via Benedetto Croce 61, genau an der Ecke zur Via Santa Chiara und auf der Via Toledo 214 und 427.

Wenn Sie ein echter Schokofan sind, dann müssen Sie der Fabrik in Via Vetriera einen Besuch abstatten. Hier sieht man dem *maître chocolatier* bei der Arbeit zu und erfährt einige Geheimnisse, die die Schokolade von Gay-Odin so unverwechselbar machen. Von der Röstung über das Mahlen der Kakaobohnen, die Verarbeitung des Teigs bis zur Geburt der eigentlichen Schokolade. Alle Verfahren werden von Hand durchgeführt. Haben Sie erst mal alle Geheimnisse der Schokolade kennengelernt, werden Sie sie auch kosten wollen!

Adresse Fabrik liegt im Vico Vetriera 12, 80132 Napoli, Tel. 081/417843, www.gay-odin.it | ÖPNV Toledo oder Municipio (Metro 1) | Öffnungszeiten Die Geschäfte sind, mit kleinen Abweichungen, von 9.30 bis 20 Uhr geöffnet. Reservierungen für Besichtigungen der Fabrik unter Tel. 081/417843. | Tipp Hinter Via Vetriera liegt die Parallelstraße Via dei Mille, die Straße für Luxusshopping in Neapel.

33 Die Gräber der Aragonesen

Ein verstecktes Pantheon

Von der Piazza aus betrachtet, erinnert der Bau mit seiner Freitreppe aus Piperno-Gestein, der hohen und strengen Fassade und den großen Fenstern gar nicht an eine Kirche. Vielleicht liegt das daran, dass sich die große Basilika San Domenico Maggiore nur mit ihrer polygonalen Apsis auf den gleichnamigen Platz öffnet, während die Hauptfassade auf einen etwas abseitigen Innenhof hinausgeht.

Aber die zwischen dem 13. und 14. Jahrhundert von Dominikanermönchen erbaute Kirche ist ein Beispiel für das künstlerische Schaffen aller nachfolgenden Epochen. Zu den wertvollsten Zeugnissen gehören die Fresken von Pietro Cavallini aus dem 14. Jahrhundert, der von Cosimo Fanzago um 1650 verzierte Altar des Presbyteriums, die Grabstätten von Philipp und Johann von Anjou und das Grabmal des Bildhauers Tino de Camaino. Die Kapelle Carafa di Ruvo, links vom Hauptaltar, ist eines der Hauptwerke der neapolitanischen Renaissance. Bemerkenswert auch die Dekorationen des sogenannten »Cappellone del Crocifisso«, einer Figur des gekreuzigten Christus aus dem 13. Jahrhundert, die der Legende nach mit Thomas von Aquin gesprochen haben soll. Der dominikanische Theologe und Philosoph lehrte nämlich in dieser Stadt und hatte unter anderem Schüler vom Range eines Giordano Bruno und Tommaso Campanella.

Ein echtes Juwel liegt allerdings etwas versteckt: Es ist die Sakristei, ein großer barocker Raum, der von Einrichtungselementen des Giovanni Battista Nauclerio und den Fresken seiner Gewölbe verschönert wird, die Solimera 1709 schuf. Oben auf der Brüstung, die um die gesamte Sakristei herumführt, sind die Gräber vieler Könige Aragoniens aufgereiht. Neben den Särgen der zehn Kronhäupter zählt man weitere 35 Würdenträger der königlichen Familie. Dies ist eine der zentralen Stätten für die Geschichte Neapels, und doch verirren sich wenige Touristen hierher.

Adresse Piazza San Domenico Maggiore, 80134 Napoli, www.sandomenicomaggiorenapoli.it | ÖPNV Dante (Metro 1) | Öffnungszeiten normalerweise tagsüber geöffnet | Tipp Auf der gegenüberliegenden Seite des Platzes liegt unter Hausnummer 19 der historische Sitz der Konditorei Scaturchio, eine der besten und bekanntesten der Stadt. Probieren Sie den Kaffee und die Sfogliatella (Tel. 081/5517031, www.scaturchio.it).

34 Das Grabmal Konradins

Der letzte Stauferkönig

Die staufische Herrschaft in Neapel währte nur wenig mehr als 70 Jahre, von 1194 bis 1266, und war in kultureller Hinsicht eine sehr bedeutende Zeit, gründete doch Friedrich II. 1224 die nach ihm benannte Universität. Auf den Herrscher folgte sein Sohn Konrad IV., der mit 26 Jahren starb, und auf diesen Konrad von Hohenstaufen, genannt Konradin (von der italienischen Verkleinerungsform Corradino abgeleitet). Da Konradin bei Regierungsantritt noch ein Kind war, wurden die Geschicke des Reiches von Onkel Manfred gelenkt, der 1266 Karl von Anjou unterlag.

1268 versuchte der 15-jährige Konradin, sich die Krone zurückzuerobern, wurde aber gefangen genommen. Auf Befehl von Karl von Anjou wurde er am 29. Oktober 1268 in Neapel auf der Piazza Mercato enthauptet. Der Tod des jungen Herrschers regte Schriftsteller, Künstler und Dichter an, wie etwa Dante, der ihn im Purgatorium auftreten lässt.

Anscheinend wurde der enthauptete Körper nicht sofort begraben, sondern zum Meer geschleift und dort unweit des Platzes notdürftig unter Steinen verscharrt. Das später entstandene Grab Konradins ist links vom Hauptschiff der Basilika Santa Maria del Carmine Maggiore (siehe Ort 51) gut zu erkennen, wird es doch von einer eleganten Statue überragt, mit der 1832 Maximilian II. von Bayern den dänischen neoklassizistischen Bildhauer Bertel Thorvaldsen beauftragte.

Am Ort der Hinrichtung wurde eine schlichte Säule aufgestellt, auf der ein Kreuz thront. Erst Anfang des 14. Jahrhunderts wurde hier eine Kirche erbaut, die sich passenderweise Santa Croce e Purgatorio al Mercato nennt. In ihrem Inneren (Besichtigungen leider nicht möglich) werden die berühmte Säule und eine lateinische Inschrift aufbewahrt: »Asturis ungue leo pullum rapiens aquilinum hic deplumavit acephalumque dedit«. »Mit den Krallen des Habichts entführte der Löwe den kleinen Adler, rupfte ihm hier die Federn aus und enthauptete ihn«.

Adresse Piazza del Carmine, 80142 Napoli | **ÖPNV** Orefici (Bus E 2), Poerio (Bus R 2) | **Öffnungszeiten** täglich 6.30–16 Uhr, sonn- und feiertags bis 12.30 Uhr | **Tipp** Die Pizzeria del Popolo ist für ihre Pizza berühmt. Sie liegt an der Piazza Mercato 44 (Tel. 081/5634029).

35_Die Grabungen von San Lorenzo

Das griechisch-römische Neapel

Dies ist eine Zeitreise. Wir starten im 18. Jahrhundert und reisen in die Vergangenheit bis ins fünfte Jahrhundert v. Chr. Die Klosteranlage San Lorenzo Maggiore liegt dort, wo sich das Herz des griechisch-römischen Neapels befand. So kann man hier die verschiedenen, fast ineinander verkeilten Evolutionsstufen der Stadt bewundern. Reste einer griechischen Agora und später des römischen Forums sind erkennbar, darüber die Grundmauern der antiken frühchristlichen Basilika und die des früheren franziskanischen Klosters, worauf die heutige Kirche fußt. Bereits das Kloster aus dem 18. Jahrhundert, in dem sich Teile der römischen Bauten wiederfinden, markiert einen ersten Höhepunkt der Reise. Über eine bequeme Treppe steigen die Besucher zehn Meter in die Tiefe hinab. Dort betritt man die faszinierendste archäologische Stätte des Stadtzentrums.

Jüngst unternommene Grabungen haben das antike *macellum* zutage gefördert, den Markt der römischen Epoche, mit einem langen Straßenabschnitt, auf den einige hervorragend konservierte Läden hinausgehen. Dieser Komplex aus dem ersten Jahrhundert v. Chr. ruht auf einer bereits 400 Jahre früher, in griechischer Zeit besiedelten Fläche, als hier ein *stenopos*, eine Straße, vorbeiführte, die dann vom späteren römischen *cardo* überbaut wurde. Beim genauen Hinschauen bemerkt man die überraschende Verflechtung von Bauten verschiedener Epochen, die von 2.000 Jahren Stadtgeschichte erzählen. Viele Jahrhunderte sind in den Auffüllungen enthalten, die mit Überschwemmungsmaterial ab dem fünften Jahrhundert angelegt wurden, um die späteren Bauphasen einzuleiten. Darauf wurden Gebäude und Kirchen errichtet, im 13. Jahrhundert kam die gotische Klosteranlage hinzu, die die Vorgängerstrukturen endgültig unter sich begrub.

Heute schlägt das Herz Neapels wieder. Und zwar genau an dem Ort, an dem Austausch, Handel und Kunst florierten.

Adresse Piazza San Gaetano 316, 80138 Napoli, Tel. 081/2110860, www.laneapolissotterrata.it | **ÖPNV** Duomo / Tribunali (Buslinien E 1, E 2) | **Öffnungszeiten** täglich 9.30 – 17.30 Uhr, scavisanlorenzo@libero.it | **Tipp** Die Stätte ist Teil der Opera di San Lorenzo Maggiore, zu dem auch ein sehenswertes Museum mit Sammlungen zu Einrichtung, Malerei und anderen Verzierungen des Komplexes gehört.

36 Die Guglia der Immacolata

Der barocke Obelisk der Stadt

Auf die zentrale Piazza del Gesù Nuovo münden zwei Straßen, oder besser die Calata Trinità Maggiore trifft auf die Achse der sogenannten Spaccanapoli, die den Platz von Ost nach West durchquert. Mit der Kirche Gesù Nuovo (siehe Ort 43) und der Klosteranlage Santa Chiara ist er einer der bedeutendsten Plätze der Stadt. Zwischen dem 16. und dem 17. Jahrhundert waren hier eminente religiöse Institutionen angesiedelt, sodass die Gegend den Beinamen »Insel der Jesuiten« erhielt.

In der Mitte des Platzes steht eine Art großer, 30 Meter hoher Obelisk, der Mitte des 18. Jahrhunderts auf Betreiben des jesuitischen Pastors Francesco Pepe mit Hilfe einer öffentlichen Geldmittelsammlung im barocken Stil errichtet wurde. Das im Italienischen *Guglia* (»Nadel«) genannte Monument erhebt sich dort, wo einstmals die Reiterstatue des Bourbonenkönigs Philipp V. stand, die bereits mit dem Ende der spanischen Regierung durch die Österreicher zerstört wurde.

Vorbild für das Werk sind die sogenannten *macchine*, aus Holz gefertigte Bauten, die damals und heute noch in Süditalien auf Prozessionen verwendet werden. Die *Guglia* der Piazza del Gesù ist der Unbefleckten Empfängnis (Immacolata) geweiht und auf pompöse Weise mit einer Flut von Skulpturen, Basreliefs und kostbaren Marmorarbeiten im Stil des Barocks verziert. Sofern man keinen schiefen Hals fürchtet, kann man die Details dieser fabelhaften Skulpturenarbeit, eines Werkes von Francesco Pagano und Matteo Bottiglieri, stundenlang betrachten. Auf der Spitze befindet sich eine Statue aus Kupfer, die die Immacolata darstellt.

Jedes Jahr am 8. Dezember, also am Tag der Unbefleckten Empfängnis, findet hier ein Ritual statt: Ein Trupp von Feuerwehrleuten steigt bis zur Spitze hinauf und legt einen Blumenkranz auf der Madonnenstatue ab, ein Anlass für einen Besuch von Neapel in der Vorweihnachtszeit.

Adresse Piazza del Gesù Nuovo, 80134 Napoli | **ÖPNV** Dante (Metro 1); Sant'Anna dei Lombardi (Bus R4) | **Öffnungszeiten** immer geöffnet | **Tipp** Das Haus der Mandoline im Vico II Quercia 7 (Tel. 081/19464546) ist vollständig dem traditionellen neapolitanischen Musikinstrument gewidmet.

37 Das Haar Maradonas

Neapolitanische Fußballwunder

Neapolitaner, das weiß man, lieben Fußball. Ach, sie sind verrückt danach. Um Diego Armando Maradona, den argentinischen Superstar, der von 1984 bis 1991 für den hiesigen Club spielte, ist dabei ein echter Kult entstanden. Gleich nach seiner Verpflichtung kletterte die Mannschaft in der Tabelle stetig nach oben und gewann nach drei Jahren die erste Meisterschaft überhaupt. Gleichzeitig gewann Napoli auch die Coppa Italia. Für diesen Erfolg sind die Neapolitaner immer noch dankbar, sodass *El pibe de oro* trotz seiner vielen Skandale nicht nur ein Symbol der Erlösung, sondern auch ein echter Volksheld ist.

Fotos, hellblaue Murales (die Farben des Clubs), Schriften und Graffiti zu Ehren von Maradona sind in der Stadt allgegenwärtig. Mitten in der Altstadt, genau gegenüber der berühmten Nil-Statue, gibt es an der Ecke zum gleichnamigen Platz eine sehr bekannte Bar, die Bar Nilo. Neben ihrem ausgezeichneten Kaffee hütet sie ein kurioses Andenken: ein »wundertätiges Haar« des Mittelfeldspielers, das eingerahmt und als Reliquie mit der Aufschrift »heiliges Jahr 1987, das Jahr der Meisterschaft« in einem kleinen – selbstverständlich hellblauen – Schaukasten ausgestellt ist.

Das Reliquar befand sich lange Zeit außen vor der Bar wie eine Kapelle und war Pilgerziel von Fans, die Maradona um die »Gnade« eines Sieges beim anstehenden Spiel baten. Seit einigen Jahren ist sie ins Innere umgezogen, wo es sich im Beisein von typisch neapolitanischen Zimelien und historischen Fotos von Napoli gut macht.

Ob das Haupthaar wirklich Maradona gehört oder nicht – man kann die Piazzetta Nilo nicht überqueren, ohne im Lokal ein Selfie neben dem Altar zu machen. Aber natürlich erst nach Genuss eines Kaffees. Denn das Schild in der Bar ist deutlich: »Hast du dein Foto gemacht? E mo te vuo' piglia' 'nu cafè? (Und wirst du jetzt endlich deinen Kaffee trinken?)«

Adresse Via San Biagio dei Librai 129, 80138 Napoli | ÖPNV Università (Metro 1; Buslinien E 1, E 2) | Öffnungszeiten täglich 7.30–20 Uhr geöffnet, So ab 16.30 Uhr geschlossen | Tipp Typische Küche zu ehrlichen Preisen gibt es in der Trattoria La Campagnola in Piazzetta Nilo 22.

38_Die Handschuhmacher

Wie eine zweite Haut

Mauro Squillace ist ein profunder Kenner der neapolitanischen Kultur. Nicht zuletzt ist sein großes Fabuliervermögen, mit der er seine Gäste unterhält, Frucht derselben. Denn bei den Squillace werden Kunden und Interessierte gleichermaßen im dritten Stockwerk eines Palazzo in Via Stella, nahe der Piazza Cavour, zu einem hervorragenden Kaffee eingeladen. Ein faszinierender Ort: Hier ist nicht nur die altehrwürdige Kunst der Handschuhmacher, sondern ein Stück dieser Stadt und Teil des neapolitanischen Wesens zu Hause.

Es war sein Großvater Gennaro Squillace, der 1923 den Betrieb ins Leben rief, der bis heute eine Exzellenz in der Handschuhfertigung darstellt. Gennaro machte sich das jahrhundertelange Wissen von Generationen von Handschuhmachern zunutze, eine Kunst, die auf das 18. Jahrhundert zurückgeht und mit der Ankunft der Bourbonen aus Neapel die Welthauptstadt des Handschuhs machte. Das ist noch heute so, auch wenn die Zahlen nicht mehr so beeindruckend wie damals sind, als zwei Drittel des Reichtums des Königreichs der beiden Sizilien aus diesem Gewerbe stammte. Die Qualität dagegen hat ein sehr hohes Niveau erreicht. Die Squillace nutzen nur Häute von Viehzüchtern, die Mauro und sein Sohn Alberto persönlich kennen. Diese behandeln sie mit äußerster Sorgfalt, wählen sie aus, gerben und nutzen Tauchfärbung, sodass ihre Atmungsaktivität gewahrt bleibt.

In ihren Werkstätten lässt sich das gesamte Verfahren anschaulich nachvollziehen, bei dem immerhin 25 ausschließlich manuelle Verrichtungen durchlaufen werden: Von der Wahl des Leders bis zum Schnitt und der Naht wird alles im Schein des durch die großen Fenster eindringenden Tageslichts getätigt, sodass auch die kleinste Unregelmäßigkeit des Leders erkannt wird. So entstehen Artikel von höchster Güte, kleine Meisterwerke. Es ist kein Zufall, dass sie mittlerweile die luxuriösesten Boutiquen von New York und Paris zieren.

Adresse Omega, Via Stella 12, 80137 Napoli, Tel. 081/299041, www.omegasrl.com | **ÖPNV** Cavour (Metro 2), Museo (Metro 1) | **Öffnungszeiten** täglich werktags 9–18 Uhr | **Tipp** Unter Hausnummer 140 der Piazza Cavour kann man das Museo del Sottosuolo (Museum der Unterwelt) besichtigen (Tel. 081/8631581, www.ilmuseodelsottosuolo.it) und in den faszinierenden Untergrund Neapels, manchmal auch mit theatralischen Aufführungen, eintauchen.

39 Das Haupt von Parthenope

'A capa 'e Napule

In Neapel pflegt man viele Mythen, die Neapolitaner sind das Volk der Frömmigkeit und des Glaubens schlechthin. Am Eingang der Kirche San Giovanni a Mare, unweit der historischen Piazza Mercato, steht die vielleicht verehrteste Skulptur der Stadt: die sogenannte *capa 'e Nàpule*, das Haupt Neapels.

Der Legende nach soll sie die Büste einer gewissen Donna Marianna darstellen, ein Name, der viele Mutmaßungen nach sich zog. So meinen einige, dass der Kopf seit 1799 so heiße, dem Jahr der Republik Neapels, in Anlehnung an die französische Marianne. Aber auf diese Version können sich die Historiker nicht einigen, sodass andere mehr oder weniger fantasievolle Varianten existieren.

Sehr wahrscheinlich handelt es sich dagegen um die Darstellung der berühmten griechischen Sirene Parthenope, die das Volk der Cumaner im achten Jahrhundert v. Chr. zur Namensgeberin der ersten Ansiedlung erwählte. Die Skulptur wurde Ende des 16. Jahrhunderts in der Nähe der Via dell'Anticaglia gefunden. Sie stellt einen weiblichen Kopf mit archaischem Haarschmuck dar, typisch für den späthellenistischen Stil.

Im Laufe der Jahrhunderte hat das Frauenhaupt Zerstörungen und Verstümmelungen erlebt, vor allem in den wirrsten Zeiten der Stadtgeschichte. So verlor es zum Beispiel 1647, während des Masaniello-Aufstands, seine Nase, die dann mehr schlecht als recht wieder angebracht wurde, bis im Fin de Siècle endlich Fachleute die Schönheit wiederherstellten. Auch die Bombardierungen im Zweiten Weltkrieg verschonten es nicht, als das Haupt schon an seinen heutigen Standort in San Giovanni a Mare umgezogen war.

Doch nun können wir ja das Geheimnis lüften: Am Eingang dieser Kirche steht eine Kopie; das Original befindet sich im Palazzo San Giacomo, dem Rathaus Neapels. Hier thront es auf einem Sockel zwischen den beiden Treppenflügeln und wacht über die Arbeit der Stadtverwaltung.

Adresse Via S. Giovanni a Mare 9, 80133 Napoli, Tel. 081/264752 | **ÖPNV** Università (Metro 1) | **Öffnungszeiten** täglich 8–13 Uhr | **Tipp** Die entweihte Kirche San Giovanni a Mare wird heute für Ausstellungen genutzt. Sie geht auf das zwölfte Jahrhundert zurück und gehört zu den bedeutendsten romanischen Zeugnissen Neapels.

40 Die Höhle des Seianus

Ein Tunnel in die Geschichte

Fast einen Kilometer, genauer 780 Meter, misst dieser unterirdische Durchgang durch den Posillipo-Hügel im westlichen Teil der Stadt. Er verläuft durch den Parco Virgiliano und verbindet die Gegend von Bagnoli mit der von Gaiola. Hier liegen die Ausgrabungsstätten der Villa von Pausilypon.

Der unterirdische Weg wurde vom Architekten Lucius Cocceius geschaffen und im ersten Jahrhundert n. Chr. von Seianus, dem Prätorianerpräfekten von Tiberius, restauriert, dann im 19. Jahrhundert wiederentdeckt und auf Betreiben von Ferdinand II. instand gesetzt. Schon damals war der Tunnel eine Sehenswürdigkeit. Im letzten Krieg wurde er wie viele Höhlen in Neapel auch zum Luftschutzkeller ausgebaut. Danach fiel er wieder jahrzehntelang der Vergessenheit anheim, bis zur Restaurierung und Wiedereröffnung im Jahr 2009.

Auf der Nordseite, die Bagnoli zugewandt ist, gelangt man über einen imposanten Monumentaleingang zur Grotte. Die Besichtigung beginnt hier und führt zum großen Stollen, der in den gelben Tuffstein des Posillipo gehauen wurde. Die Öffnungen auf der rechten Flanke lassen gleißendes Licht herein, und man spürt die Präsenz des Meeres. Von einigen dieser seitlichen Stollen kann man die Wellen an den Felsen darunter brechen sehen.

Der Tunnelausgang am anderen Ende des Hügels führt direkt zur Ausgrabungsstätte von Pausilypon, einer großen Villa aus dem ersten Jahrhundert v. Chr., der die Anhöhe ihren Namen verdankt. Der ursprüngliche Komplex bestand aus verschiedenen Gebäudeteilen, Thermen, Gärten und Wandelgängen mit schönster Aussicht, dem Hügel dahinter und dem Meer davor. Dieser Traumort wurde einige Jahrhunderte lang von mehreren Generationen römischer Patrizier genutzt. Er durchlief verschiedene Umbauphasen, wurde vergrößert und verändert, wie die Hinzufügung von zwei Theatern zeigt.

Adresse Discesa Coroglio 36, 80124 Napoli | **ÖPNV** Discesa Coroglio (Bus C 1) | **Öffnungszeiten** werktags eigenständige kostenlose Besichtigung um 9.30, 10.30 und 11.30 Uhr nach Reservierung (Tel. 081/2301030), Feiertage: Besichtigung mit Führung um 10, 11 und 12 Uhr nach Reservierung (Tel. 081/2403235) | **Tipp** Die große Freifläche in der Nähe des Höhleneingangs, auf der man parken kann, wenn man mit dem Auto kommt, ist auch der beste Aussichtspunkt auf das ehemalige Industriegebiet von Bagnoli und das Inselchen Nisida, ein aus dem Meer ragender Vulkankegel.

41_Die inneren Stimmen

Eine künstlerische Reise zu den Symbolen Neapels

Dieses Geschäft ist gleichzeitig Kunstgalerie. Hinter dem Schaufenster an der Via San Biagio dei Librai liegt das Künstlerrefugium der Bildhauer Alessandro Flaminio und Castrese Visione. Ihre Arbeit konzentriert sich vor allem auf die neapolitanische Tradition, die sie mit zeitgenössischem Geschmack interpretieren.

Modell für die von ihren Händen geschaffenen Kunstwerke sind die Symbole Neapels, die gemäß einem ganz persönlichen Kanon ausgelegt, aber neu dargestellt werden und selbstverständlich San Gennaro, die Sirene Parthenope, den Raben, das Herz Jesu, den Schädel, den Vesuv und Pulcinella umfassen. Die klassischen Bilder der Stadt werden in den kulturellen Hintergrund beider Künstler aufgenommen und verschmelzen in einem Mix aus Erfahrungen, Geschichten, Gedanken und realen und ausgedachten Personen. So entstanden »Le voci di dentro« (»Die inneren Stimmen«).

Zwar sind Alessandro und Castrese ursprünglich auf Marmor spezialisiert, aber sie meinen, dass die Qualität eines Werkes in der Idee, nicht im Material abzulesen sei. Daher beziehen sie heute bei der Schöpfung ihrer Kunstwerke ein großes Repertoire an Materialien ein, von Terrakotta über Bronze, von Holz bis zu den modernen farbigen Kunstharzbeschichtungen.

Die Kritik hat den eklektischen Stil der beiden jungen Künstler begeistert aufgenommen, deren Erfolg man auch an den zahlreichen Kopien ihrer Kreationen erahnen kann. Sehr verbreitet ist der wunderschöne San Gennaro aus glasierter Keramik, der in kurzer Zeit zum Markenzeichen dieses Künstlerateliers wurde. Hier findet man ihn in unterschiedlichen Formen, Farben, Umgebungen und Größen.

Im Geschäft werden die Interessierten gleich von den beiden Künstlern in Empfang genommen, die ihnen die Varianten sowie die Form- und Farbpalette präsentieren, welche ihr Auge den universell bekannten Symbolen Neapels verliehen hat.

Adresse Via San Biagio dei Librai 111, 80132 Napoli, Tel. 081/19322644 | **ÖPNV** Cavour (Metro 2); Duomo/Tribunali (Buslinien E 1, E 2) | **Öffnungszeiten** täglich 9–13.30 und 16–20 Uhr, So nur vormittags | **Tipp** An der Ecke von Via San Biagio dei Librai und Via San Gregorio Armeno sitzt die Fondazione Giambattista Vico mit dem Museo Vichiano (www.fondazionegbvico.org).

42 Intra Moenia

Kaffee und Bücher im Schutz der Stadtmauer

»Innerhalb der Stadtmauer«. Der Name dieses Ortes ist exakt, befindet sich die heutige Piazza Bellini doch dort, wo sich zu Zeiten des griechischen Neapolis die Innenseite der Stadtmauer erhob. Einige Reste dieser Mauer sind auch noch im Zentrum des Platzes zu sehen.

Intra Moenia eben. Das Literaturcafé ist allen Neapolitanern und Liebhabern dieser Stadt wohlbekannt. Hier kommt man her, um bei einem Kaffee oder Tee mit Gebäck manch schöne Stunde bei der geruhsamen Lektüre zu verbringen. Zum erlesenen Ambiente des Cafés gehören auch abgeteilte Säle und eine schöne Veranda mit Blick auf den Platz. Man kann sich auch an den Tischen im Freien niederlassen und die Sonnentage genießen, die in Neapel nicht fehlen. Man kann Bücher von zu Hause mitbringen oder sich an den reich gefüllten Regalen bedienen. Die Auswahl der Titel ist groß und beinhaltet auch Drucke, Zeichnungen und Reproduktionen von alten Fotos und Postkarten.

Intra Moenia ist zudem ein Verlagshaus (mit Sitz in Via Costantinopoli 94) und hat in fast dreißig Jahren viele Bände vor allem zu Neapel und den verschiedenen Aspekten seiner Sprache, Geschichte, Musik und allgemein zur parthenopeischen Kultur veröffentlicht. Eine der neueren Reihen widmet sich der fotografischen Recherche, auch ein Thema vieler Veranstaltungen, die in den Räumen dieses sehr rührigen Cafés stattfinden.

Dazu gibt es Live-Musikabende mit zeitgenössischen Künstlern der neapolitanischen Szene, vor allem Jazz, Blues, Rock und Weltmusik. Generell finden diese am Mittwochabend statt, aber der Veranstaltungskalender ist prall gefüllt und jahreszeitenabhängig.

Heute ist die Piazza Bellini vor allem bei jungen Menschen, Intellektuellen und Studenten beliebt, die sich von morgens bis tief in die Nacht hier tummeln. Das ist auch dem Intra Moenia und seinen vielen Initiativen zu verdanken, die seine Gründer im Laufe der Jahre auf die Beine gestellt haben.

Adresse Piazza Bellini 70, 80138 Napoli, Tel. 081/451652, www.intramoenia.it | ÖPNV Dante (Metro 1), Cavour (Metro 2) | Öffnungszeiten täglich 10–2 Uhr | Tipp Auch ein Besuch des Verlagshauses lohnt sich, das ganz in der Nähe an der Via Costantinopoli liegt (Tel. 081/290988). Neapel-Liebhaber finden hier viele interessante Publikationen.

43 Die Kirche Gesù Nuovo

Der Schatz hinter dem Bossenwerk

In Neapel gibt es Kirchen auf Schritt und Tritt. Aber die von Gesù Nuovo, auch Trinità Maggiore genannt, ist die vielleicht kunstreichste. Das erkennt man schon an der Fassade, die sich von anderen Kirchen der Stadt und der ganzen Welt unterscheidet. Ihr unverwechselbares Bossenwerk mit Diamantquadern verdankt sich der Tatsache, dass die Kirche Ende des 16. Jahrhunderts von Jesuiten auf einem Vorgängerbau, dem Palazzo Sanseverino der Prinzen von Salerno aus dem Jahr 1470, erbaut wurde. Bei der Grundsteinlegung 1584 wurde unter einem Pfeiler ein Pergament mit einer Widmung an die Unbefleckte Empfängnis Mariae und den Namen von Jesu eingemauert.

Beim Betreten der Kirche wird man von der Fülle barocker Dekorationen, den Intarsien aus vielfarbigem Marmor im Fußboden und an den Balustraden und der Pracht der Deckenausgestaltungen förmlich erschlagen. Hier kann man Spuren des Wirkens praktisch aller in Neapel seit dem 16. Jahrhundert aktiven Bildhauer, Marmorkünstler und Maler sehen. Überraschend die Kapellen des Franz Xaver und des Ignatius von Loyola mit prächtigen Skulpturen des Fanzago. Am Ende des linken Kirchenschiffs liegt die Kapelle des Kreuzes und des San Ciro, eines der verehrtesten Heiligen Neapels. Hier wird eine hölzerne »Kreuzigung« aus dem 16. Jahrhundert aufbewahrt. Im engen Flur hinter der Kapelle stößt man auf zahlreiche Votivgaben von Gläubigen.

Die große, 1786 nach dem vernichtenden Erdbeben von 1688 neu gestaltete Kuppel ist Teil der imposanten Umgestaltung der Kirche durch Ferdinando Fuga. Am Ende des Mittelschiffs sticht der mächtige Hauptaltar nach einer Vorlage des Jesuiten Giuseppe Grossi heraus. Verweilen Sie ein wenig vor dem großen Fresko an der Gegenfassade: »Die Vertreibung von Heliodor aus dem Tempel« von Francesco Solimena aus dem Jahr 1725. Und nun treten Sie wieder in das gleißende Licht und das bunte Treiben auf der Piazza.

Adresse Piazza del Gesù Nuovo 2, 80134 Napoli, Tel. 081/5578111, www.gesunuovo.it | ÖPNV Dante oder Toledo (Metro 1) | Öffnungszeiten täglich 7–13 und 16–19.30 Uhr | Tipp Auf den Bossenquadern der Fassade sind Symbole eingelassen, über die man immer noch diskutiert: kabbalistische Zeichen, Noten einer Partitur oder einfach die Markierungen der einzelnen Steinbrüche?

44_Die Klosteranlage der Girolamini

Zwei Kreuzgänge und eine Gemäldegalerie

Einer der unglaublichsten und dennoch meist menschenleeren Orte Neapels belegt gut zwei Häuserblöcke auf der Via Duomo. Die Klosteranlage wurde im Übergang vom 16. zum 17. Jahrhundert von den Oratorianer- und Philippinermönchen gegründet, in Neapel besser bekannt als Girolamini. Vom Eingangsportal kommend, hat man einen schönen Blick auf den andachtsvollen und nüchternen Wandelgang. Über eine Treppe zur Rechten gelangt man zu einem zweiten, sehr viel größeren Innenhof mit Orangenbäumen, dem *Chiostro degli Aranci*.

Unter den Gebäuden des ehemaligen Konvents sticht die 1592 von Dosio entworfene und zwei Jahrhunderte später von Fuga neu geschaffene Kirche heraus. Innen werden echte Kunstschätze aufbewahrt wie die »Vertreibung der Händler aus dem Tempel«, ein bedeutendes Fresko von Luca Giordano, der auch andere Malereien in der Kirche hinterlassen hat. Andere Werke stammen von der Hand des Solimena, und in den Kapellen stößt man auf Arbeiten von Pietro da Cortona, Pietro Bernini und Guido Reni. Im Obergeschoss beherbergt eine Gemäldegalerie die Sammlung kostbarer Malereien vom 17. bis 18. Jahrhundert. Viele stammen aus der neapolitanischen Schule, aber vertreten sind auch Gemälde mit römischem, emilianischem und toskanischem Einschlag. Trotz der Bedeutung der ausgestellten Kunstwerke ist dies ein kaum frequentierter Ort, sodass Sie Muße und Ruhe haben, alles zu genießen, und sich dabei fast einsam vorkommen – ein Unikum in einer sonst immer überfüllten und chaotischen Stadt.

Das schönste Stück des Girolamini-Komplexes ist jedoch die immense und spektakuläre Bibliothek, die 1586 eingerichtet und von bedeutenden Gelehrten wie Giambattista Vico aufgesucht wurde. Leider kam es in den vergangenen Jahren zu einigen Diebstählen wertvoller Bände, in die bekannte Politiker involviert waren. Noch ist nicht klar, wann die Bibliothek wieder öffentlich zugänglich sein wird.

Adresse Via Duomo 142, 80138 Napoli | ÖPNV Museo (Metro 1), Cavour (Metro 2); Duomo (Bus C 55), Duomo / Tribunali (Buslinie E 1, E 2) | Öffnungszeiten Mo–Fr 8.30–19 Uhr, Sa, So 8.30–14 Uhr, Mi geschlossen, letzter Einlass eine Stunde vor Schließung, erster Sonntag im Monat kostenlos | Tipp In der Via Duomo Nummer 175, Ecke Via dei Tribunali, löst die Caffetteria Sfogliatelle e Babà die an ihren Namen geknüpften Versprechungen voll ein. Daneben gibt es ausgezeichneten Kaffee.

45 Der Krater der Astroni

Leben in einem erloschenen Vulkan

Manche Orte kann man schon von Weitem spüren. Die Phlegräischen Felder im Osten Neapels sind ein großes Vulkangebiet, das überwiegend noch aktiv ist. Eine Abfolge von großen und kleinen Kratern erzeugt hier eine wellige Landschaft und kündet von vielen Ausbrüchen im Laufe der Erdgeschichte.

Obwohl die Ausweitung der Stadt überall Häuser und Straßen hat sprießen lassen, ist diese Geschichte immer noch gut lesbar. In einem dieser Krater, der durch eine Explosion vor etwa 3.600 Jahren entstanden ist, befindet sich dieses reizvolle Naturreservat, das mit 250 Hektar gar nicht mal so klein ist.

Eine kleine Straße führt leicht ansteigend zum Saum des Kraters. Hat man die Kasse passiert, lässt man den Lärm des Ortes hinter sich und betritt eine stille Welt, in der nur die Geräusche der Natur widerhallen: das Knacken der Äste im Wind, das Rascheln der Blätter unter den schnellen Schritten eines Tieres im Wald und nicht zuletzt das Zwitschern der Vögel, denn dies ist ein Paradies für Ornithologen, was man vor allem im unteren Teil des Kraters mit den drei Seen, dem Lago Grande, dem Cofaniello Piccolo und dem Cofaniello Grande nachvollziehen kann. Neben mächtigen Kastanien, Steineichen, Ulmen und Hainbuchen und der obligatorischen Mittelmeermacchia wächst hier die typische Vegetation von Seegebieten, mit Weiden und Schilf, und man kann verschiedene Singvögel beobachten (oder ihnen lauschen), wie Mönchsgrasmücke, Rotkehlchen, Amsel, Zaunkönig, Kohlmeise und viele andere.

Auch an Raubvögeln fehlt es nicht, vor allem tagaktiven, die im Krater nisten: Mäusebussard, Turmfalke, Sperber und der wunderschöne Wanderfalke. An nachtaktiven Raubvögeln gibt es Waldkauz, Steinkauz und die große Schleiereule. Im Dickicht leben auch Säugetiere, darunter Füchse, Mauswiesel, Igel und Maulwürfe. Besonders schön ist es an den Seeufern im Frühling, wenn man das Quaken der Frösche in der Brunft vernimmt.

Adresse Riserva naturale WWF Cratere degli Astroni, Via Agnano agli Astroni 468, 80125 Napoli, Tel. 081/5883720, www.crateredegliastroni.org | **ÖPNV** Bagnoli (Eisenbahnlinie Cumana, dann Bus C 5) | **Öffnungszeiten** Fr 14.30–18.30 Uhr, Sa 9.30–18.30 Uhr, Kasse schließt zwei Stunden vorher | **Tipp** Am äußeren Rand des Kraters produzieren die Cantine Astroni (Via Sartania 48, Tel. 081/5884182, www.cantineastroni.com) ausgezeichneten Wein der Phlegräischen Felder und bieten Verkostungen an.

46_Der Kreuzgang von San Marcellino

Eine Oase der Ruhe im Herzen Neapels

Will man sich eine Pause vom Treiben und dem Lärm der Stadt gönnen, dann ist der Kreuzgang San Marcellino sicherlich eine gute Wahl. In der Nähe des Zentrums gelegen, bieten seine Bögen und Gärten Momente der Einkehr und der Ruhe.

Der historische Name der Klosteranlage zwischen dem Corso Umberto (Rettifolo, also der Geraden) und Via San Biagio dei Librai (Spaccanpoli) ist San Marcellino e Festo. Sie entstand in der zweiten Hälfte des 16. Jahrhunderts aus der Zusammenlegung bereits bestehender Klöster, von denen einige auf das 7. Jahrhundert zurückgingen. Die Kirche besitzt eine erlesene Dekoration aus dem 18. Jahrhundert mit Marmorwerken von Luigi Vanvitteli und Holzintarsien, die bis zur Decke reichen. Die Kirche ist entweiht und beherbergt Konzerte und Theateraufführungen.

Im ehemaligen Konvent hat heute die Fakultät der Geologischen Wissenschaften der Universität Federico II. ihren Sitz, sodass der Kreuzgang frei zugänglich ist. Unmittelbar nach Betreten des Baus gelangt man auf eine weitläufige viereckige Fläche, die von einer großen und eleganten Portikus aus grauem Piperno-Gestein umgeben ist. In der Mitte befindet sich ein lauschiger Garten mit Zitrusfrüchten und Palmen und schönen Marmorbrunnen. Nach Süden hin öffnet sich der Kreuzgang auf eine weitere Grünfläche, die ihrerseits auf einen zweiten Wandelgang blickt, wo sich die weiteren Fakultäten der Universität befinden. Hier liegt auch der Eingang des Paläontologischen Museums mit Tausenden von Fossilien in seinen Beständen.

Wochentags sind die Wege und Sitzbänke des Kreuzgangs von Studenten gesäumt, die die Ruhe nutzen, um sich auf Prüfungen vorzubereiten oder sich zu entspannen. Im Sommer ist dies eine schattenspendende Oase, bevor man sich wieder in das pralle Leben von Neapel stürzt.

Adresse Largo San Marcellino 10, 80138 Napoli | ÖPNV Università (Metro 1), Cavour/Montesanto (Metro 2; Bus R2) | Öffnungszeiten Mo–Fr 9–19 Uhr | Tipp Unter Nummer 10/a der Piazzetta Portanova, unweit vom Kloster, bereitet die Salumeria und Metzgerei Lubrano die leckersten und größten Panini der Stadt zu.

47 Le Zendraglie

Urige Tripperia und Trattoria

Dies ist ein ganz besonderer Ort, den auch nur wenige Neapolitaner kennen, die aber immer wiederkommen, wenn sie ihn ausprobiert haben. Es handelt sich um eine winzige Trattoria an der Via Pignasecca, die für ihren bunten und geschäftigen Fisch-, Obst- und Gemüsemarkt bekannt ist (siehe Ort 72).

Vor diesem malerischen Hintergrund liegt das Reich der neapolitanischen Kaldaunen: die Tripperia-Trattoria Le Zendraglie. Der Name des Restaurants bedeutet Innereien und leitet sich vermutlich vom französischen *les entrailles* ab, ein Begriff, den das Gesinde der reichen Neapolitaner in den zurückliegenden Jahrhunderten verwendete, als die armen Leute sich oft von Resten ernährten. Aus diesen Überbleibseln von Rind, Schaf und Schwein, die hier im Schaufenster neben dem Eingang des Lokals weithin sichtbar ausgestellt sind, entstanden mit der Zeit vorzügliche Gerichte wie die Suppe Carnecotta alla marescialla, Frasame (Innereien vom Rind) aus dem Ofen, Stentiniello (Innereien vom Lamm) aus dem Ofen oder einfach die Trippa (Kaldaunen).

Seit fast einem Jahrhundert ist Familie Fiorenzano Garantin für die hohe Qualität der Trippa. Dies belegt auch der Kiosk unter Hausnummer 50 mit dem ursprünglichen Laden, der sich im Gegensatz zu Nummer 14 nicht in eine Trattoria verwandelt hat. Im Lokal indes geht es gedrängt zu, sodass man fürchten muss, im Stehen zu essen. Aber keine Angst, neben den vier Tischen im Eingangsbereich kann man auch in der größeren unteren Etage speisen. Le Zendraglie bietet typische, ehrliche Küche, frisch zubereitet, die nicht enttäuscht. Die ersten Gänge mit Meeresgerichten erfreuen das Gemüt, mit den Secondi macht sich der hauseigene Wein einfach perfekt. Zu den Köstlichkeiten hier gehört auch der Baccalà, ob geschmort, gekocht oder frittiert. Etwas für Kenner und Genießer. Eine echte Versuchung, zu der man am besten püriertes Gemüse als Beilage bestellt.

Adresse Via Pignasecca 14, 80134 Napoli, Tel. 081/5511993 | **ÖPNV** Dante oder Toledo (Metro 1) | **Öffnungszeiten** täglich zum Mittagessen 12.30–15.30 Uhr, Fr und Sa auch Abendessen 19.30–23 Uhr | **Tipp** Fans von Pizza und Pizza Fritta kennen diese Straße gut, denn hier liegen die Pizzerien Da Attilio (Tel. 081/5520479) und Al 22 (Tel. 081/5522726).

48_Die Libreria Colonnese

Der Schrein der unauffindbaren Bücher

Sie ist eine echte Institution. Neben dem Musikkonservatorium San Pietro a Majella unter Hausnummer 32 der gleichnamigen Straße gelegen, befindet sich diese altehrwürdige Buchhandlung, ein gemütlicher Platz zum Schmökern für alle Bibliophilen unter der Leitung echter Spezialisten.

Ihre Geschichte reicht weit zurück: 1965, in einer Zeit der kulturellen und politischen Umwälzungen, wurde sie von Gaetano und Maria Colonnese gegründet. Seit ihrer Eröffnung, damals noch im Innenhof in der Nähe des heutigen Standorts, fungiert sie als ein Katalysator und Verteiler von Publikationen und Zeitschriften zur Arbeiterbewegung. Rasch wurde sie auch zur beliebten Adresse, um seltene und antike Bände zu erstehen, eine Spezialisierung, der Edgar und Vladimiro, die Söhne der Gründer, die Treue halten. Colonnese ist ebenso ein Verlag: In 50 Jahren wurden hier über 400 angesehene Titel herausgegeben.

Im Inneren der Buchhandlung weht der Hauch ferner Zeiten: Neben Büchern finden sich alte Drucke, seltene Karten und andere wunderbare Objekte, vor allem in Papierform. Aber dies ist keiner der staubigen Orte, wo man über vergilbten Einbänden ins Niesen gerät. Ganz im Gegenteil: In den geschichtsträchtigen Räumlichkeiten findet man auch Weine und lohnende Gadgets Neapels und Kampaniens.

Im Gegensatz zu dem, was Buchhandlungen normalerweise in diesen Zeiten blüht, nämlich zugunsten von Fast-Food- oder Modeketten zu schließen, hat Colonnese jüngst einen zweiten Sitz in der Via San Biagio dei Librai 100 aufgemacht. Dieser ist moderner ausgerichtet als das Stammhaus in San Pietro a Majella, lohnt aber trotzdem einen Besuch, denn die jungen Betreiber haben viele interessante Titel im Programm. Und auch hier kann man ein Stück Neapel erstehen, das nicht unbedingt zwischen zwei Buchdeckel passt.

Adresse Via San Pietro a Majella 32, 80138 Napoli, Tel. 081/459858, www.colonnese.wordpress.it | **ÖPNV** Dante (Metro 1) | **Öffnungszeiten** Mo–Sa 10–19.30 Uhr, in der Hochsaion auch So | **Tipp** Wenige Meter von der Buchhandlung, an der Ecke zur Piazza Miraglia, erhebt sich die Kirche San Pietro a Majella, ein Meisterwerk der Gotik aus dem 13. Jahrhundert. Innen erschließt man sich eine Insel der nüchternen Seelenruhe.

49 Die Madonna von Banksy

Street-Art in Neapel

An der Piazza dei Girolamini findet sich das einzige Werk Banksys in Italien, eines so bekannten wie mysteriösen englischen Künstlers, der mit seinen oft provokanten und satirischen Arbeiten, die er nachts auf den Mauern der Städte anfertigt, sowie durch seine in 20 Jahren nie gelüftete Identität von sich reden macht. Seine Werke haben die Street-Art unwiderruflich geprägt, sind Teil des kritischen Diskurses und heute in Museen der ganzen Welt zu sehen.

Auf diesem kleinen Platz in Neapel, auf der Seite der Kirche dei Girolamini, hat Banksy im Sommer 2004 die mittlerweile berühmte »Madonna mit Pistole« erschaffen. Dafür hat er seine bevorzugte Technik, den *Stencil*, eingesetzt, bei dem ein Negativabbild in Form einer Schablone erstellt und überlackiert wird. Diese Technik kann schnell ausgeführt werden, was es den *Writern* ermöglicht, im Verborgenen zu arbeiten.

Statt der Aureole schwebt eine Pistole über der Madonna: Andacht und Verbrechen, Religiosität und Gewalt, zwei wichtige Themen für Neapel, wurden hier amalgamiert.

Jahrelang ungeschützt, wurde das Werk kürzlich auf private Initiative hin mit einer durchsichtigen Plexiglasscheibe geschützt. So wird die neapolitanische Madonna wohl nicht wie ein anderes Werk enden, das Banksy unweit von hier auf der Spaccanapoli anfertigte, das aber fast zur Gänze durch Vandalismus zerstört wurde.

Diese Arbeit stellte die selige Ludovica Albertoni von Bernini in der Kirche San Francesco a Ripa in Rom dar, die dabei ist, Chips und Sandwiches als Symbole des Konsumverhaltens und der Kommerzialisierung in sich hineinzustopfen. Ein Werk der Street-Art zu schützen, ist ein Paradox: Auf der einen Seite wird es vor dem sicheren Verschwinden geschützt, andererseits entzieht man ihm so den Geist, der seiner Entstehung zugrunde liegt.

Wie dem auch sei, kann man in Neapels Altstadt eine noch perfekt erhaltene Arbeit Banksys bewundern.

Adresse Piazza dei Girolamini, auf der Hauswand rechts von der Kirche, 84090 Napoli | **ÖPNV** Cavour (Metro 2); Duomo / Tribunali (Buslinien E 1, E 2) | **Öffnungszeiten** immer geöffnet | **Tipp** Unweit von hier, über die Via Duomo hinaus, an der Kreuzung zur Via Vicaria Vecchia im Viertel Forcella, prangt an der Fassade eines Palazzo ein großes Murales von Jorit: San Gennaro mit den Zügen eines Jungen, der Opfer der Camorra wurde.

50_Die Magazzini Fotografici

Ein Ort für Autorenfotografie

In Neapel verstecken sich ungewöhnliche Orte, aber diesen hier hätte man inmitten der urigen Palazzi und der dunklen Gassen des Zentrums wirklich nicht erwartet. In dieser ehemaligen Fabrik für Handtaschen wurde ein Zentrum für Autorenfotografie eröffnet.

Die Idee dazu hatte Yvonne De Rosa, eine junge neapolitanische Fotografin, die fast 15 Jahre in London gelebt und bei der Rückkehr in ihre Stadt einen großen Koffer voller Erfahrung und Enthusiasmus mitgebracht hat. Entschlossen, ihren Traum wahr werden zu lassen, machte sie sich auf die Suche nach einem Ort, wo sich die Fotografen ihrer Stadt treffen, ausdrücken und austauschen könnten.

Fündig wurde sie im altehrwürdigen Palazzo Caracciolo di Avellino, einem wunderschönen Gebäude aus dem 14. Jahrhundert. Das dritte Stockwerk bot Yvonne die perfekte Location: drei weitläufige und helle Zimmer mit großer Fläche, um Platz für die Ausstellungen und Debatten, Kurse und Gespräche zu haben. So entstanden 2016 die Magazzini Fotografici, die sich sofort als großer Erfolg erwiesen. Hier finden junge und weniger junge Fotografen und Anfänger der Kunst einen Ort, um ihre Arbeiten vorzustellen und die von anderen zu begutachten. Ein großer Saal ist internationalen Ausstellungen vorbehalten, ein anderer dient für Projektionen, Konferenzen und Buchvorstellungen. Auch eine Bar gibt es, sodass man sich ohne Eile hier länger niederlassen kann und die Vorstellung De Rosas von diesem Ort vollauf erfüllt wird: die Kunst der Fotografie zu teilen und einen kulturellen Austausch zu ermöglichen, aber auch schöne Momente im Beisein von Menschen zu verbringen, die andere Ansichten zur Stadt und zur Welt haben.

All dies in einem Ambiente, das noch den Geruch des kleinen Handwerksbetriebs atmet und eben ein bisschen Werkstatt, ein wenig Magazin ist. Guten Kaffee gibt es übrigens auch. Schließlich ist man in Neapel.

Adresse Via San Giovanni in Porta 32, 80138 Napoli, Tel. 338/6403215, www.magazzinifotografici.it | **ÖPNV** Duomo/Cattedrale (Buslinien E 1, E 2) | **Öffnungszeiten** Do – Sa 11 – 18 Uhr oder nach Vereinbarung, info@magazzinifotografici.it | **Tipp** In demselben Gebäude hat die Stiftung Morra Greco für zeitgenössische Kunst ihren Sitz (Largo Avellino 17, www.fondazionemorragreco.com).

51 Die Mamma vom Karmel

Die geliebteste aller Madonnen

»Mamma d'o Càrmene«, sagt man in Neapel, um Erstaunen, Überraschung oder Erschrecken auszudrücken. Es ist eine Anrufung der Madonna del Carmine, also des Karmel, die die Neapolitaner auch Madonna Bruna oder Mamma Schiavona nennen. Sie ist die verehrteste Madonna der Stadt, und Symbolort für ihren Kult ist die Chiesa del Carmine, die am gleichnamigen Platz nur einen Steinwurf von der Piazza Mercato liegt. In dieser Kirche wird die vermutlich älteste Ikone der Maria des Karmel aufbewahrt. In der Sakristei, hinter dem Hauptaltar, ist eine beeindruckende Anzahl an Votivgaben versammelt, die Gläubige zum Zeichen ihrer Dankbarkeit für die empfangene Gnade hinterlassen haben, darunter goldene und silberne Reproduktionen von Körpergliedern und Heiligenfiguren.

Die Madonna del Carmine ist unter anderem Schutzherrin der Seelen im Fegefeuer, wie man in den unterirdischen Räumen der Kirche Purgatorio ad Arco in der Altstadt sehen kann.

Zu Ehren der *Mamma d'o Càrmene* findet jedes Jahr am 16. Juli ein großes Fest statt, das durch Spenden finanziert wird, die Gläubige und Ehrenamtliche einsammeln. Wochen vorher gehen sie von Tür zu Tür und wecken die Vorfreude auf die Veranstaltung.

Aber das lange Warten hat seine guten Gründe, denn dies ist das innigste religiöse Fest Neapels mit den meisten Gläubigen. Am Vorabend des Festes wird stets ein spektakuläres Ritual abgehalten: die Verbrennung des Campanile der Carmine-Kirche. Natürlich handelt es sich um eine symbolische Verbrennung, bei der ein Feuerwerk für die Illusion des Feuers sorgt. Punkt zehn Uhr werden dafür alle Lichter gelöscht. Nun wartet die Menge in der Piazza auf *'o sórece* (die Maus), eine Rakete, die in Richtung Glockenturm geschossen wird und den Beginn des Feuerwerks markiert. Die Pyrotechnik ist spektakulär, kunterbunt und überwältigend, denn die Neapolitaner sind Meister in Sachen Feuerwerk und Böller.

Adresse Piazza del Carmine 2, 80142 Napoli, Tel. 081/201942, www.santuariocarminemaggiore.it | ÖPNV Orefici (Bus E 2), Poerio (Bus R 2) | Öffnungszeiten täglich 6.30 – 16 Uhr, an Feiertagen bis 12.30 Uhr | Tipp Leckere Panini aller Art finden Sie in: Paninoteca Beneduce, Piazza Mercato 64 (Tel. 081/5544533).

52 Marechiaro

Die berühmteste fenestella

»Quanno spónta 'a luna a Marechiaro, pure li pisce nce fanno all'am- more«. So beginnt das bekannte Lied, das der Dichter Salvatore Di Giacomo 1885 einem der symbolträchtigsten Orte Neapels widmete. Übersetzt: Auch die Fische lieben sich, wenn der Mond in Marechiaro aufgeht.

Das Lied bezieht sich auf den Fischerhafen zwischen Posillipo und der Bucht von Gaiola. Hier steht ein Grüppchen Häuser, die sich an den steil zum Meer abfallenden Klippen festkrallen. Gässchen und Treppchen öffnen sich urplötzlich auf das herrliche Panorama des Golfs, von dessen Hintergrund ein Teil Neapels und natürlich die Silhouette des Vesuvs zu sehen ist. Der Blick reicht bis nach Sorrent und Capri.

Der Name Marechiaro verdankt sich nicht, wie man denken könnte, dem klaren Wasser, sondern stammt vom neapolitanischen *mare chiano*, abgeleitet vom lateinischen *mare planum*, also ruhiges Meer. Die Schönheit dieses Ortes hat schon die Aristokratie Neapels angezogen. Hier sind Goethe, Stendhal und andere Reisende, die über Neapel geschrieben haben, vorbeigekommen. In den 1960er Jahren haben die Hollywoodstars Marechiaro zu einem der Kultorte des *Dolce Vita* gemacht.

Genau an dem Punkt, an dem der Ort sich aufs Meer öffnet, befindet sich das kleine Fenster, das Di Giacomo besingt: »A Marechiaro nce sta 'na fenesta: 'a passiona mia ce tuzzuléa«. In Marechiaro gibt es ein Fenster, an das meine Leidenschaft klopft. Genau wie an jenem Tag, der den Dichter inspirierte, steht vor jenem Fenster eine Nelke.

Ob es das Lied oder die unleugbare Schönheit des Ortes ist, fest steht, dass man Neapel nicht verlassen darf, ohne einen Abstecher hierher gemacht zu haben, um ein Erinnerungsfoto mit dem Fensterchen zu schießen oder auch nur das Panorama zu genießen und eine Fischspezialität am berühmten *scuglione* zu kosten, einem aus dem Wasser ragenden Felsen.

Adresse Via Marechiaro, 80123 Napoli | **ÖPNV** Marechiaro (Bus 140) | **Öffnungszeiten** immer geöffnet | **Tipp** Wenn Sie Zeit haben, empfehlen wir eine Bootstour, um die Küste vom Meer aus zu bewundern. Die heimischen Bootsbesitzer bieten das ganze Jahr über Fahrten an.

53_Marinella

Das Reich der Krawatten

Manche Namen sprechen für sich. Marinella ist mit der Zeit Synonym für elegante und kostbare Krawatten geworden. Das Geschäft liegt an der Riviera di Chiaia, wo es sich schon vor einem Jahrhundert befand, als es Don Eugenio, Ahnherr einer Dynastie, die mittlerweile in der dritten Generation tätig ist, gründete.

Das war 1914, als die neapolitanischen Dandys ihre Spaziergänge entlang der funkelnden Villa Comunale zwischen dem Viertel Chiaia und dem Meer abhielten. Don Eugenio hatte die Eingebung, seine Boutique im vollendeten englischen Stil einzurichten, was sofort von Erfolg gekrönt war. An der Eröffnung nahm auch die Schriftstellerin Matilde Serao teil, die mit einem Artikel in der von ihr gegründeten Tageszeitung »Il Mattino« zum Florieren des Geschäfts beitrug.

Heute sitzt Maurizio Marinella hinter dem Ladentisch, Enkel von Don Eugenio, der die Kunden mit der Klasse empfängt, die neben dem Opa auch seinem Vater Luigi eigen war. Klasse besitzt auch der Stil der Krawatten, der heute so erlesen wie gestern ist. Diese Fähigkeit, die Familientradition aufrechtzuerhalten und gleichzeitig die Marke in der Gegenwart zu verankern, hat Marinella zu Weltruhm verholfen. Diese kurvigen Schaufenster, die Möbel im englischen Stil, haben Könige und Prinzen, Künstler und Schauspieler, zwei Kriege und zwei Generationen vorbeiziehen sehen, und haben sich seit dem Eröffnungstage nicht verändert.

Die Werkstatt befindet sich in einem nahe gelegenen Gebäude. Hier taucht man in das vielfarbige Kaleidoskop der edlen Stoffe ein, die Marinella nur von den besten Herstellern erwirbt. Man sieht den Schneiderinnen bei der Arbeit über die Schulter, wie sie auswählen, zeichnen, schneiden, nähen, alles ausschließlich per Hand und mit der in Jahrzehnten gesammelten Erfahrung. Wer also wirklich mal den Edelmann geben möchte, der sollte unbedingt bei Marinella eine Krawatte erwerben.

Adresse Riviera di Chiaia 287/a, 80122 Napoli, Tel. 081/7644214, www.marinellanapoli.it | ÖPNV Piazza Amedeo (Metro 2); Villa Comunale (Bus C 25) | Öffnungszeiten historisches Geschäft: Mo – Sa 6.30 – 13.30 und 15.30 – 20 Uhr, So 9.30 – 13.30 Uhr; Showroom (über dem Geschäft): Mo – Sa 9 – 20 Uhr, So 9 – 13.30 Uhr | Tipp In der Via Chiatamone 65 liegt der Sitz der historischen Tageszeitung »Il Mattino«, der wichtigsten Stimme der Stadt, gegründet 1892 von Matilde Serao und Edoardo Scarfoglio.

54 Die Metrostation Toledo

Der schönste U-Bahnhof

»Der schönste Europas«, sagen der Fernsehsender »CNN« und die englische Tageszeitung »The Daily Telegraph«. Aber die Würdigungen für den Bahnhof Toledo der neuen neapolitanischen Metrolinie 1 sind damit nicht erschöpft: 2013 wurde er beim Emirates Leaf International Award zum »Public building of the year« gewählt, 2015 gewann er den Preis der International Tunnelling Association. Der Bahnhof ist Teil eines ehrgeizigen Projekts zur künstlerischen Aufwertung der Stadt.

Bis zu seiner Eröffnung haben die Bauarbeiten, Verzögerungen und Änderungen über zehn Jahre gedauert. Aber es hat sich gelohnt, denn der Bahnhof ist wirklich eine Perle: Die Architektur ist vom Meer inspiriert: Eine lange Rolltreppe führt zwischen »Fluten« in die Tiefe, sodass Besucher vom Ocker des neapolitanischen Tuffs in das Hellblau der Meereswelt eintauchen. Die beiden großen Mosaike im oberen Teil wurden vom südafrikanischen Künstler William Kentridge entworfen und von Costantino Aureliano Buccolieri ausgeführt: Sie stellen Szenen aus dem Leben Neapels, Karten der Stadt und Symbole der Republik Neapel von 1799 dar.

Ein großes zylindrisches Oberlicht in Spindelform namens »Crater de luz« verbindet die unterirdische Sphäre des Innen- mit dem Außenbereich auf der Via Diaz. Hier und dort ragen Trümmer aus aragonesischer Zeit hervor, die bei den Aushubarbeiten gefunden wurden. Der Gang zu den Gleisen verläuft durch zwei Reihen animierter Flächen, die die Bewegungen des Meeres nachahmen. Diese Galerie ist Werk des Künstlers Bob Wilson, der auch andere Installationen mit Meeresmotiven im Bahnhof geschaffen hat.

Auch der Fotograf Oliviero Toscani hat mit einem Mosaik aus neapolitanischen Gesichtern zum gelungenen Gesamteindruck beigetragen. Außen auf der Via Diaz prangt dagegen der »Reiter von Toledo«, eine große Reiterstatue aus Eisen von Kentridge. Das Gesamtprojekt des Bahnhofs stammt vom Spanier Óscar Tusquets.

Adresse Ausgänge zur Via Toledo, Via Diaz und Piazza Montecalvario, 80134 Napoli | **ÖPNV** Toledo (Metro 1); Battisti/Provincia Napoli (Bus R 4) | **Öffnungszeiten** Die U-Bahn-Linie 1 verkehrt täglich 6–23.15 Uhr. | **Tipp** Auch der Bahnhof Università ist eine Augenweide mit seinen Werken in satten Farben des Künstlers Karim Rashid.

55 Das Museum der menschlichen Anatomie

Eine überraschende Reise in die Welt der Körper

Die Sammlung dieses Museums, die vom 18. bis 19. Jahrhundert zu Unterrichtszwecken angelegt wurde, ist schon etwas bizarr, manchmal gar makaber anzusehen. Bei einem Besuch ist man von der Rohheit bestimmter Darstellungen, Plastiken und Wachsabbildungen überrascht, die anatomische Teile des menschlichen Körpers perfekt nachbilden. Aber noch befremdlicher ist die Tatsache, dass die meisten Exponate echte Körperteile sind.

Diese kostbare Sammlung hat Kriege und Erdbeben unbeschadet überstanden und wird heute von der Zweiten Universität »Luigi Vanvitelli« von Neapel verwaltet. Die sorgfältige Restaurierung und Neuordnung der Bestände machen einen Besuch heute besonders interessant, da man durch die neuen, dankenswerterweise sehr diskret in die historischen Räumlichkeiten eingebetteten Technologien ganz eigenständig unterwegs ist: Man muss nur eine App für Smartphone oder Tablet herunterladen und den nummerierten Hotspots der verschiedenen Abteilungen folgen, wo die Erläuterungen automatisch abgespielt werden. Das Museum ist zwar nicht allzu groß, mit der App kann man aber einen logischen Faden erzeugen und von den Eisen aus römischer Zeit und antiken Schädeln, Abdrücken von Gefäßkränzen, mit der Technik der Keroplastik realisierten Skulpturen, der Sammlung der Skelette und der tätowierten Häute zu den Nierensteinen, Gallensteinen und so weiter gelangen.

Sehr beeindruckend sind die sogenannten Versteinerungen von Efisio Marini, die dieser mit einem originellen Mumifizierungsverfahren erhielt: Mit einer Mischung aus Metallsalzen gelang es Marini, Körperteile unter Beibehaltung ihrer Biegsamkeit und Farbe zu konservieren. Nur die robustesten Mägen werden sich dagegen an die Sammlungen embryonaler Missbildungen und der verschiedensten Pathologien und Deformierungen wagen.

Adresse Via Luciano Armanni 5, complesso di Santa Patrizia, 80138 Napoli, Tel. 081/5667747 | ÖPNV Cavour (Metro 2), Duomo/Tribunali (Buslinien E 1, E 2) | Öffnungszeiten Der Eintritt ist frei, aber auf 25 Personen gleichzeitig begrenzt, musa@unina2.it. | Tipp In der Nähe, am Ende der Steigung, ist das neue Museo delle Arti Sanitarie (Arzneimuseum) zu sehen (9–13 Uhr, Tel. 081/440647).

56 Das Museum der Ur- und Frühgeschichte

Der Ursprung des Menschen im Castel dell'Ovo

In diesem kleinen, aber kostbaren Museum im Castel dell'Ovo werden Dutzende prähistorischer Funde aus Höhlen und Bergen des südlichen Apennins aufbewahrt. Es trägt den Namen von Alfonso Piciocchi, von Beruf Arzt und in der Freizeit Höhlenforscher, der über einige Jahrzehnte im 20. Jahrhundert einer Gruppe Speläologen, Geologen und Naturforscher vorstand, die zumeist an der Universität von Neapel tätig waren.

Bei ihren zahlreichen Erkundungen in den Gebirgen Kampaniens und anderen Regionen hat die Gruppe – stets mit ordentlicher Genehmigung – große Mengen an Funden ans Licht gebracht, die heute die Sammlungen des Museums bilden. Der Besuch ist eine Reise in die Frühgeschichte Kampaniens und angrenzender Regionen.

In der Abteilung Prähistorie trifft man auf Exponate vor allem aus dem Gebiet des Cilento, aus Höhlen wie der von Castelcivita auf den Alburni-Bergen und dem von Nardantuono auf den Picentini. Die ethnografische Sektion ist dagegen didaktisch aufgebaut und untersucht das Verhältnis zwischen Völkerkunde und Urgeschichte: Hier werden Werkzeuge eines Stammes aus Neuguinea, aber auch Gegenstände aufbewahrt, die auf die Frühgeschichte des Apennins verweisen, sowie Werkzeuge aus der bäuerlichen Welt Süditaliens. Sämtliche Objekte stammen aus Schenkungen.

Mit einer Besichtigung des Museums ist auch ein Besuch des Castel dell'Ovo verbunden, das auf einer kleinen Insel angelegt und mit dem Festland durch einen Steg verbunden ist. Umgeben vom Meer, ist die Feste ein faszinierender Ort. Aus ihren großen Fenstern und Schießscharten schaut man über die mächtigen Mauern aus gelbem Tuffstein auf ein 360-Grad-Panorama auf den Golf und die Stadt. Insbesondere Richtung Norden zeichnet sich der elegante Lungomare gegenüber der Villa Comunale ab, dahinter erhebt sich der Posillipo-Hügel.

Adresse Castel dell'Ovo, via Eldorado 3 (Borgo Marinari), 80132 Napoli, Tel. 081/5463288, www.museoetnopreistoriacainapoli.it | **ÖPNV** Santa Lucia (Bus E 6), Chiatamone/Castel (Buslinien 128, C 25) | **Öffnungszeiten** Die Besichtigung des Museums ist auch mit Führung nur nach Termin möglich. Sie sollten einige Tage im Voraus Ihren Besuch anmelden, Tel. 333/2805839, 347/0963667, museo@museoetnopreistoriacainapoli.it. | **Tipp** Die Festung liegt auf einer kleinen Insel, auf der sich auch der Borgo Marinari mit Yachthafen und vielen guten Restaurants befindet,wo man Fischgerichte der Tradition Neapels speist.

57 Das Museum MADRE

Zeitgenössische Kunst im Herzen Neapels

Auf dem oberen Teil der Via Duomo befindet sich in einer kleinen Querstraße der Palazzo Donnaregina aus dem 19. Jahrhundert, dessen Name vom ehemaligen, von den Staufern im 13. Jahrhundert gegründeten Kloster Santa Maria Donnaregina stammt. Hier sind wir im Herzen von San Lorenzo, einem der ältesten Viertel der Stadt. Ausgerechnet hier, inmitten unübersichtlicher historischer und archäologischer Schichten, gibt es seit 2005 eine Einrichtung der Avantgarde: das Museo d'Arte Contemporanea Donnaregina, besser bekannt als MADRE.

Für das Projekt zeichnet der portugiesische Architekt Álvaro Siza Vieria verantwortlich (der bereits den U-Bahnhof Municipio gestaltete), der für das Museum über 7.000 Quadratmeter mit Exponaten der zeitgenössischen Kunst füllen konnte. Die *site-specific*-Kollektion im ersten Stockwerk umfasst Installationen von Künstlern wie Domenico Bianchi, Francesco Clemente, Luciano Fabro, Rebecca Horn, Anish Kapoor, Jeff Koons, Jannis Kounellis, Sol LeWitt, Richard Long, Mimmo Paladino, Giulio Paolini und Richard Serra. Die 2006 eröffnete zweite Etage ist der Dauerausstellung gewidmet, während im dritten Geschoss die Wanderausstellungen gezeigt werden.

Die ausgestellten Werke sind im Zuge eines lang andauernden Projekts namens »Per formare una collezione« (Zum Aufbau einer Sammlung) gesammelt worden, was dem Ganzen eine im Werden begriffene Struktur verleiht. Das MADRE ist daher nicht nur ein physischer Raum, sondern auch ein Ensemble sozialer und symbolischer Beziehungen, von Geschichten und Möglichkeiten. Es liefert die Geschichte der Avantgardekultur, vor allem in Neapel und Kampanien in den letzten 50 Jahren. Durch den Einschluss von Künstlern mit neuen Werken erkundet das Haus die Gegenwart und versucht sich an einer hypothetischen Voraussage der künstlerischen Zukunft der Stadt. Von der Terrasse hat man eine herrliche Aussicht über die Dächer Neapels und den Vesuv.

Adresse Via Settembrini 79, 80139 Napoli, Tel. 081/19313016 www.madrenapoli.it | ÖPNV Museo (Metro 1), Cavour (Metro 2) | Öffnungszeiten Mo–Sa 10–19.30 Uhr, So 10–20 Uhr, Di geschlossen, Kasse schließt eine Stunde vorher | Tipp In der Umgebung des Museums, in Largo Donnaregina 1, ist auch das reichhaltige Diözesanmuseum sehenswert (www.museodiocesanonapoli.com).

58_Der Museum Shop

Ein Ort für Muße und Kultur

In der Via San Biagio dei Librai stößt man auf dem etwas versteckten Platz hinter der Nil-Statue (siehe Ort 18) auf einen wirklich originellen Ort. Der Museum Shop ist Frucht der Kreativität von Francesco Di Bennardo, Experte in Sachen Kultur, Kunst und Verlagswesen, der anhand dieses Geschäfts demonstriert, wie sich die Mischung seiner unterschiedlichen Kompetenzbereiche auszahlen kann.

Viele interessante Dinge hält der Museum Shop bereit: Auf den ersten Blick fallen die Nachbildungen von Kunstwerken, Fresken und Funden aus Pompeji, Herculaneum, Paestum und Capua sowie anderer archäologischer Stätten auf. Museum Shop verfügt über die Exklusivrechte an diesen Reproduktionen und fertigt sie unter Wahrung höchster Qualität und Werktreue an. Ästhetisch und philologisch anspruchsvoll und nie banal auch die T-Shirts und andere Objekte mit Bezug auf die Kultur der Stadt und der Region.

Die Räumlichkeiten liegen im Kellergeschoss des historischen Palazzo del Panormita, also Antonio Beccadelli, der im 15. Jahrhundert Urvater des neapolitanischen Humanismus war. Im Museum Shop kann man lange verweilen, denn unter den Bogengängen des Palazzo gibt es auch eine Bar mit Kaffee, Cocktails und Aperitifs. Nicht zufällig ist das Lokal besonders vor dem Abendessen von einem internationalen Publikum, aber auch von Neapolitanern frequentiert, die vor allem in der schönen Jahreszeit draußen mit Blick auf die Nil-Statue sitzen.

Innen finden oft Konzerte und Themenabende statt. Dazu gibt es eine Dauerausstellung des bekannten Schriftstellers und Regisseurs Luciano De Crescenzo, zu dessen vielen Steckenpferden auch die Fotografie zählt. Viele Jahre lang hat er ein riesiges fotografisches Archiv angelegt. Museum Shop bietet einen Reproduktionsdienst auch für diese Fotos, die man zu nicht einmal hohen Preisen erstehen kann. Das Geschäft besitzt Filialen am Flughafen Capodichino und am Fährhafen.

Adresse Largo Corpo di Napoli 3, 80134 Napoli, Tel. 081/3604228, www.museum-shop.it | **ÖPNV** Dante (Metro 1); Piazza del Gesù (Bus E 1) | **Öffnungszeiten** täglich 9.30–24 Uhr, Mo bis 20.30 Uhr | **Tipp** Geht man die Via Nilo bis zur Hausnummer 29 hinauf, liegt dort Librido (Tel. 081/5520798. www.librido.org), ein Geschäft mit ausgezeichneter Auswahl an Büchern, Platten und anderen Liebhaberobjekten. Das Personal kennt sich gut aus, und das Ambiente ist heimelig.

59_Der Nabel von Neapel

Das Herz der griechischen Stadt

Was machen die antiken Säulen da vor der Basilika San Paolo Maggiore an der Piazza San Gaetano? Es handelt sich um zwei korinthische Säulen mit einem Stück Architrav, also dem, was vom altgriechischen Tempel der Dioskuren aus dem fünften Jahrhundert v. Chr. übrig blieb. Hier befand sich der Lebensnerv von Neapolis, und viele der heutigen Bauwerke stehen auf den Grundmauern griechischer und römischer Gebäude. Wie auch diese zwischen dem achten und neunten Jahrhundert hinter dem Pronaos des Tempels errichtete Kirche, die sich damit ganz auf den griechischen Bau stützte. Doch dem Erdbeben von 1688 hielt das Gebäude, mehrmals umgebaut, nicht stand: Vom Tempel überlebten nur diese zwei Säulen, der Rest wurde zum Wiederaufbau verwendet. Griechische Trümmer dieser Art sind ein charakteristisches Element der klassischen neapolitanischen Krippe.

Weitere Bestandteile des Vorgängerbaus finden sich in den beiden monumentalen Kreuzgängen, die beide aus dem 16. Jahrhundert stammen. Der kleinere liegt genau auf dem Areal des antiken Tempels: Der Brunnen in der Mitte des Wandelgangs galt lange als der mit dem frischesten und reinsten Wasser der Stadt. Ein Kreuzgang mit größeren Abmessungen liegt hinter der Apsis: Nach der Vereinigung Italiens beherbergte es das Staatsarchiv, heute hat hier das Notariatsarchiv von Neapel seinen Sitz.

2.000 Jahre sind seit dem Bau des Dioskuren-Tempels vergangen, aber heute bildet dieser Platz den Nabel der Stadt am Vesuv. Hier an der Kreuzung der Via San Gregorio Armeno und der Via dei Tribunali konzentrieren sich viele historische, architektonische und kulturelle Reichtümer der Stadt: die Basilika San Lorenzo Maggiore mit ihrem archäologischen Bereich, der in bis zu zehn Meter Tiefe reicht, die Krippenstraße, der Eingang zum unterirdischen Neapel (siehe Ort 107) bis zu den hervorragenden gastronomischen Angeboten der Trattorien und Konditoreien an der Piazza.

Adresse Piazza San Gaetano 76, 80138 Napoli, Tel. 081/454048 | **ÖPNV** Dante (Metro 1), Duomo/Tribunali (Buslinien E1 und E2) | **Öffnungszeiten** Mo–Sa 9–13 Uhr, So oft bis 14 Uhr | **Tipp** Im unteren Teil der Kirche, also unterhalb des Dioskuren-Tempels, kann man die Kirche des Santissimo Crocifisso, genannt La Sciabica, besichtigen.

60 Der Neapelwahn

Die Neapolitaner Luft

Hier hatte jemand eine geniale Marketing-Idee: leere Dosen mit dem hübschen Etikett »Aria di Napoli« (Luft aus Neapel). Anfang der 1990er Jahre begann der junge Enrico Durazzo, eigentlich im Scherz, diese Dosen als Souvenir zu verkaufen. Sein Vorbild waren die berühmten *buccacci*, die die Neapolitaner den amerikanischen Soldaten im letzten Weltkrieg andrehten. Diese Gläser enthielten damals einen Spritzer von Orangenschale und nichts weiter. So konnten die Soldaten eine Erinnerung an die Monate in dieser so einzigartigen Stadt nach Hause nehmen.

Die Idee Enricos geht noch einen Schritt weiter: schlicht und einfach nur Luft zu verkaufen. Der Erfolg war jäh und durchschlagend. Zugeben muss man allerdings: Dies ist nur eine der vielen Belege für den sprichwörtlichen Erfindungsreichtum, der sich der Kunst des Sich-Durchschlagens verdankt, mit der die Neapolitaner dunkle Zeiten überstanden haben.

Enrico hat ein echtes Geschäft mit diesen Devotionalien gemacht, das zwar klein ist, dafür aber von Phantasie nur so strotzt. Es heißt »Napolimania« (Neapelwahn) und hat sich mittlerweile auf Souvenirs und Objekte mit neapolitanischen Sätzen, Witzen, Sprichwörtern und Redensarten, Scherzen und Späßen spezialisiert.

In den Jahren hat sich das Repertoire des Ladens vergrößert, sodass heute auch Kleidung, vor allem T-Shirts, aber auch zotige Unterwäsche und Accessoires mit neapolitanischen Weisheiten zu haben sind. Es sind sogar eine Schuhkollektion und Maßkrawatten im Angebot, und auch an Zubehör für Strand, Kinder und Haustiere fehlt es nicht. Ein Abschnitt ist den Fans des Fußballvereins Napoli gewidmet. Aber das Bild dominieren natürlich die klassischen Ikonen der Stadt, Pulcinella und der Golf (mit Vesuv und ohne!), aber auch Pizza, Babà, Sfogliatella und das obligatorische Glücksbringer-*curniciello*. Überkommt Sie die Nostalgie, schnüffeln Sie schnell ein wenig Neapolitaner Luft!

Adresse Via Toledo 312, 80132 Napoli, Tel. 081/414120, 081/407621, www.napolimania.com | ÖPNV Toledo (Metro 1) | Öffnungszeiten täglich 10–20 Uhr | Tipp Für den Einkauf in letzter Minute sei gesagt, dass Napolimania auch am Flughafen von Capodichino zu finden ist (Tel. 081/7512614).

61 Neapolitan Sacred Art

Die Kunst der figurari

Die *figurari* (Figurenmacher) waren echte Bildhauer, die Holzfiguren schufen, meist Heilige und Schäfer der traditionellen neapolitanischen Krippe. Ihre Arbeiten fertigten sie häufig in natürlicher Größe und mit echten Stoffen bekleidet an, sodass sie noch erlesener anmuteten. Der Ahnherr dieser Disziplin, Pietro Ceraso, schuf 1647 eine berühmte Krippe, die sich heute in der Kirche von Santa Maria in Portico befindet. Eine weitere außergewöhnlich schöne Krippe, vielleicht die gefeiertste von allen, vermachte Michele Cuciniello im 19. Jahrhundert dem Museum von San Martino: Sie besteht aus gut 300 Elementen, die sich um die Ruinen eines römischen Tempels gruppieren.

Die Kunst der neapolitanischen *figurari* hatte ihre Blütezeit im 19. Jahrhundert, als man in allen Häusern Heiligenfiguren besaß. Jüngst erlebt diese Zunft wieder eine Blütezeit. Einer der jüngeren Künstler ist Fabio Paolella, der 2011 eine Werkstatt in der Altstadt von Neapel eröffnete. Zu Beginn hieß diese »La Smorfia« (Die Grimasse) und fertigte vor allem Souvenirs, dann spezialisierte sie sich auf heilige Kunst im Stil des 19. Jahrhunderts und änderte ihren Namen in: Neapolitan Sacred Art.

Fabio ist ein *figuraro* 2.0. Seine Werkstatt ist klein und wimmelt nur so von künstlerischen Kreationen, aber seine Arbeit geht weit darüber hinaus, denn dank des Internets haben seine Werke große Berühmtheit erlangt und begonnen, jeden Winkel der Welt zu erobern, denn Fabio versendet rund um den Globus.

Aber am eindrucksvollsten ist es, die Figuren von Nahem zu sehen und noch dazu dort, wo sie entstanden sind. Der Betrachter ist vom Liebreiz des Ausdrucks und der Wertigkeit der Materialien wie verzaubert und kann dabei zusehen, wie Mitarbeiter diese zu einzigartigen Zeugnissen der großen neapolitanischen Tradition modellieren – mit Weile wie bei allen Unikaten, aber blitzschnell versendet, wie im Internetzeitalter üblich.

Adresse Strada dell'Anticaglia 23, 80139 Napoli, Tel. 081/293812, www.neapolitanischekrippen.com | **ÖPNV** Duomo/Cattedrale (Bus E 1); Cavour (Metro 2) | **Öffnungszeiten** Mo–Fr 10–19 Uhr, Sa 10–13 Uhr, zur Weihnachtszeit auch Sonntagvormittag | **Tipp** In Vico Gerolomini 3 liegt das kleine Theater Elicantropo (vormittags: Tel. 349/1925942; nachmittags: Tel. 081/296640, www.teatroelicantropo.com), das auf Experimentiertheater und Unterricht der theatralischen Techniken spezialisiert ist.

62 Der Neptun-Brunnen

Wohnstatt verzweifelt gesucht

Der heute auf der Piazza del Municipio befindliche Brunnen hat im Laufe der Jahrhunderte mehrfach den Standort gewechselt. Offiziell heißt er Neptun-Brunnen, aber man kennt ihn auch unter dem Namen Medina.

Domenico Fontana schuf ihn im Auftrag des Vizekönigs Enrique de Guzmán, dem Gouverneur Neapels, Anfang des 17. Jahrhunderts. Fontana, *nomen est omen*, entwarf ein elegantes, rundes Monument, das von Meeresmonstern bevölkert ist, die ihre Entstehung dem Meißel von Pietro Bernini verdanken, dem Vater des bekannteren Gian Lorenzo, Schöpfer vieler Meisterwerke des italienischen Barock. Bei den späteren Umbildungen wirkten weitere berühmte Künstler mit, darunter vor allem Cosimo Fanzago.

Bereits an ihrem Standort im Arsenal des Hafens fand diese Brunnenanlage keine Ruhe: Nach nicht einmal 30 Jahren zog sie wegen Wassermangels an den Palazzo Reale um. Aber auch hier beschloss man nach fünf Jahren, dass sie im Weg war, und verbrachte sie ins Viertel Santa Lucia. So zog es sich hin, von Umzug zu Umzug, von Piazza zu Piazza, und der Fontana di Nettuno blieb ein ruheloses Leben beschieden. Bis zum ausgehenden 19. Jahrhundert, als sie in der Mitte der Piazza Bovio zum Verschnaufen kam, die die Neapolitaner Piazza Borsa nennen und wo sie immerhin ein Jahrhundert blieb.

Im Jahr 2001 wurde sie erneut wegen der U-Bahn-Arbeiten vertrieben und auf einer Freifläche an der Via Medina »geparkt«, unweit der Piazza Municipio. Als diese von den portugiesischen Architekten Àlvaro Siza und Eduardo Souto de Moura neu gestaltet worden war, die auch den neuen Bahnhof der Metro entwarfen, zog der Brunnen dorthin. Hier, vor dem eleganten Palazzo San Giacomo, vor dem Maschio Angioino und dem antiken Theater Mercadante, haben der Neptunbrunnen und seine Meeresungeheuer endlich ihre ideale Heimstatt gefunden. Jedenfalls bis zum nächsten Umzug.

Adresse Piazza Municipio, 80133 Napoli | **ÖPNV** Municipio (Metro 1) | **Öffnungszeiten** immer geöffnet | **Tipp** Die U-Bahn-Station Municipio ist mit ihren bei den Bauarbeiten zutage geförderten archäologischen Funden ein echter Blickfang.

63 Der Obelisk von Portosalvo

Monument zur Rückkehr der Bourbonen

Man sieht ihn nicht gleich, und viele Neapolitaner wissen nichts von seiner Existenz. Denn dieser Obelisk steht an einer ziemlich befahrenen Kreuzung gegenüber der Kirche Santa Maria di Portosalvo, unweit vom Hafengebiet.

Er wurde errichtet, um die bourbonische Restauration nach dem sehr kurzen Zwischenspiel der Parthenopäischen Republik von 1799 zu feiern. Nach der jakobinischen Periode, die das Ende der Monarchie ausgerufen hatte, zogen die Bourbonen dank des Sanfedismo-Volksheeres unter dem kalabresischen Kardinal Fabrizio Ruffo wieder in die Stadt ein. Eine Reihe von Schlachten und Wiedereroberungen weiter im Süden im Januar brachte das Kirchenheer im Mai 1799 vor die Tore Neapels – nicht ohne eine lange Blutspur hinter sich zu lassen –, wo es die Franzosen vertrieb und die Monarchie wiederherstellte. Der letzte Akt fand hier am 13. Juni 1799 statt.

Die Bourbonen gaben das Monument aus Piperno, dem dunklen Vulkangestein, in Auftrag. Der Obelisk mit einem Kreuz auf der Spitze besitzt einen quadratischen Sockel, seine Flanken sind mit Marmormedaillons mit Basreliefs von Heiligen, christlichen Ikonen und Symbolen des Sanfedismo-Heeres verziert. Auch die Heiligen Januarius (Gennaro) und Antonius von Padua sind abgebildet, die beide eine wenig bekannte Begebenheit verbindet: Der Heilige von Padua wurde von den Sanfedisti statt San Gennaro zum Patron eingesetzt, auch deshalb, weil die Wiedereroberung am 13. Juni gelang, dem Namenstag des Heiligen. Aber die spanische Krone war San Gennaro sehr zugetan, sodass der Kult und mit ihm der Glaube an das berühmte Wunder der Verflüssigung des Blutes bald wieder Einzug hielten. Nach einem kurzen Intermezzo wurde San Gennaro daher wieder Stadtheiliger Neapels.

2016 wurde der Obelisk restauriert, und heute kann man ihn endlich wieder befreit von den Zeichen der Zeit bewundern.

Adresse Via Alcide de Gasperi, 80133 Napoli | **ÖPNV** Università (Metro 1); Marchese di Campodisola (Buslinien 151, C25), Bovio (Bus R2) | **Öffnungszeiten** immer geöffnet | **Tipp** Die kleine Kirche Santa Maria di Portosalvo ist eine architektonische Perle und wird derzeit restauriert.

64_Der PAN

Palazzo delle Arti di Napoli

Dieses 2005 eröffnete Museum für zeitgenössische Kunst hat bereits viel von sich reden gemacht. Nicht alle Neapolitaner haben die Bedeutung dieses neuen kulturellen Angebots erfasst, wird Neapel doch traditionell eher mit der Klassik verbunden. Das PAN liegt im Stadtviertel Chiaia in der Via dei Mille im wunderschönen Palazzo Roccella, einem ehemaligen Landsitz, den der Prinz von Sanseverino 1667 seinem Schwager Giuseppe Carafa vermachte, der seine Schwester geehelicht hatte.

Der Palazzo war schon früher dafür bekannt, Künstler und Literaten zu beherbergen, und galt als veritabler Literatursalon der Stadt. Im nachfolgenden Jahrhundert begannen die Modernisierungsarbeiten, die dem Palazzo ein städtischeres Aussehen verliehen. Die Restaurierung zog sich hin: Es wurden ein Innenhof, eine ganze Etage und viele Zimmer hinzugefügt, während die Fassade neoklassizistische Züge erhielt. Am Ende des 19. Jahrhunderts führte die veränderte Straßenführung der Via dei Mille zur Aufspaltung des Gebäudes in zwei Teile. Lange blieb es verlassen, bis die Stadt Neapel es Ende der 1980er Jahre erwarb. Nach 20 Jahren der Restaurierungsarbeiten erhielt der Palazzo seine heutige Bestimmung als internationales Zentrum der zeitgenössischen Kunst.

Das Museum bietet gut 6.000 Quadratmeter auf drei Etagen und zeigt oft Ausstellungen von neuen Talenten wie großen Künstlern von Weltrang. Neben den Ausstellungsflächen kann man im Museum Kataloge und Archive durchstöbern und Events, Treffen und Tagungen zu Themen der zeitgenössischen Kunst organisieren. Das Museumsangebot richtet sich nicht nur an Touristen, sondern auch an die Neapolitaner selbst.

Diese Ausrichtung zusammen mit einer ausgeprägt europäischen Veranlagung haben aus dem PAN in über zehn Jahren Aktivität ein lebendiges Kulturzentrum gemacht, dessen Prestige die Grenzen der Stadt längst gesprengt hat.

Adresse Via dei Mille 60, 80121 Napoli, www.comune.napoli.it/pan | **ÖPNV** Piazza Amedeo (Metro 2); Parco Margherita (Seilbahn von Chiaia); Colonna/Amedeo (Buslinien 128, C 24) | **Öffnungszeiten** täglich 9.30–19.30 Uhr, So bis 14.30 Uhr, Di sind einige Säle geschlossen, Eintritt frei | **Tipp** In der Nähe des Palazzo, im Vico Vetriera 13, kann man gut und günstig in der Trattoria A Chiaia speisen (Tel. 081/417588).

65 Der Palazzo dello Spagnuolo

Architektur und Film

Mitten im Viertel Sanità, abseits der klassischen touristischen Routen, liegt eines der schönsten Gebäude der Stadt: der Palazzo dello Spagnuolo oder dello Spagnolo mit seinem weitläufigen Innenhof und der monumentalen Doppeltreppe, der 1738 vom Architekten Ferdinando Sanfelice angelegt wurde. Die Treppe, mit ihrem Stuck im Rokokostil, wurde jüngst restauriert und erstrahlt wieder im alten Glanz.

Der Name des Palazzo ist mit dem von Tommaso Atienza verbunden, einem spanischen Adligen, der hier im ausgehenden 18. Jahrhundert über ein halbes Jahrhundert lebte. Der Bau wurde später von zahlreichen neapolitanischen Adligen bewohnt, darunter auch vom Bourbonen Karl III., der hier seine Pferde gegen Ochsen austauschen ließ, um den Aufstieg zum Palazzo Reale in Angriff zu nehmen.

Neben seiner Eleganz ist der Palazzo dello Spagnuolo auch ein beliebtes Ziel von Cineasten und Fans des neapolitanischen Films, denn hier hat Nanni Loy einige Szenen seiner herrlichen Komödien gedreht. Bereits Sanfelice dachte beim Bau der Monumentaltreppe an den großen Auftritt, genau wie bei jener, die er bereits 1728 im nach ihm benannten Palazzo im selben Viertel realisierte, den er auch bewohnte. Das Gebäude ist mit einem weiteren Film verbunden: 1967 ließ Renato Castellani für den Film »Die Über-Sinnliche« die Szene drehen, in der das Ehepaar Lojacono (Vittorio Gassman und Sophia Loren) ihr (verwunschenes) Traumhaus findet.

Aber im Grunde ist das gesamte Viertel Sanità für Cineasten heiliger Boden, denn hier wurde Antonio de Curtis, Künstlername Totò, geboren, der in Neapel wie eine Gottheit verehrt wird. Das Geburtshaus des Schauspielers liegt in der nahen Via Santa Maria Antesecula 109, wo sich eine Gedenktafel befindet. Seit einigen Jahren sind Planungen für ein ihm gewidmetes Museum im Gange, das wohl ausgerechnet im Palazzo dello Spagnuolo Platz finden soll.

Adresse Via dei Vergini 19, 80137 Napoli | ÖPNV Museo/Materdei (Metro 1); Cavour (Metro 2) | Öffnungszeiten gewöhnlich vormittags und am frühen Nachmittag, Eintritt frei | Tipp Unweit von hier, in Via Sanità 2, liegt der Palazzo Sanfelice, ebenfalls mit Monumentaltreppe. Hier wohnte Sophia Loren.

66_Der Palazzo Filomarino

Die Wohnung von Benedetto Croce

Zwischen der Piazza del Gesù Nuovo und der Piazza San Domenico Maggiore heißt die Spaccanapoli Via Benedetto Croce. Der gefeierte neapolitanische Philosoph wohnte von 1911 bis zu seinem Tod 1952 in dieser Straße. Palazzo Filomarino ist seit jeher Wohnsitz von Adligen gewesen, wie den Sanseverino di Bisignano und ab dem frühen 19. Jahrhundert den Filomarino della Rocca. Nach dem Ableben des letzten Erben erwarb Croce die gesamte zweite Etage, wobei er es besonders reizvoll fand, dass dieselben Räumlichkeiten zwei Jahrhunderte zuvor Giambattista Vico in seinen ersten Lebensjahren beherbergt hatten.

Durch das große Barockportal, ein Werk des Sanfelice, betreten die Besucher einen eleganten Innenhof, umgeben von hohen und mächtigen Bogengängen. Auf der dem Eingang gegenüberliegenden Seite prangt das Wappen der Filomarino. Oben rechts, mit Blick auf den benachbarten Palazzo Capone San Marco beziehungsweise Palazzo Venezia (siehe Ort 69), kann man eine kleine Terrasse ausmachen, die Croce als Ort des Studiums und der Lektüre wählte.

Am Eingang des Palazzo gibt es noch die alte Portiersloge, wohl dieselbe, die in der faschistischen Zeit von Polizisten besetzt war, die jeden Besucher des Philosophen in die Kartei aufnehmen mussten. Croce hatte als Senator des Italienischen Königreichs anfänglich Mussolini unterstützt, sich aber nach dem Mord an Matteotti von ihm distanziert, um schließlich zum führenden Ideologen des Antifaschismus zu werden. In diesem Palazzo hielt Croce einige seiner berühmtesten Vorlesungen und Seminare, und Freunde und Philosophen suchten ihn hier trotz der Überwachung auf.

Heute ist das Gebäude im Besitz der Fondazione Benedetto Croce und daher Privateigentum, aber nach Termin zu besichtigen. Ein großer Teil der zweiten Etage ist vom Istituto Italiano per gli Studi Storici mit seiner reichen Bibliothek belegt, das Croce selbst 1946 ins Leben rief.

Adresse Via Benedetto Croce 12, 80134 Napoli, Istituto Italiano per gli Studi Storici: Tel. 081/5517159; Fondazione Croce: Tel. 081/5800208, www.fondazionebenedettocroce.it | **ÖPNV** Dante (Metro 1); Piazza del Gesù (Bus E 1) | **Öffnungszeiten** Institut: Mo–Fr 9–18 Uhr, Nachschlagen von Büchern Di und Fr 9–12.30 Uhr, biblioteca@iiss.it | **Tipp** Im Innenhof des Palazzo liegt die Buchbinderei von Danilo de Cosa, Liebhaber und Restaurator alter Bücher (Sprechanlage 1019, Tel. 329/8142385, danilodecosa@hotmail.it).

67 Der Palazzo Mannajuolo

Die schönste Treppe Neapels

In der Via Filangieri, im Stadtviertel Chiaia, dieser von Schaufenstern und modischen Geschäften bestimmten Glitzerwelt, gibt es ein echtes architektonisches Wunderwerk zu bestaunen. Der Palazzo Mannajuolo gehört zu den hervorragendsten Beispielen des Jugendstils in Neapel und verbirgt in seinem Inneren eine atemberaubend schöne Treppe.

Das Gebäude geht auf das beginnende 20. Jahrhundert zurück und repräsentiert die sehr erlesene und gelungene neapolitanische Interpretation eines Stils, der mit unterschiedlichen Bezeichnungen und Ausformungen bereits den Geschmack Resteuropas und der USA revolutioniert hatte. Als Köpfe bei der Planung fungierte eine Gruppe Ingenieure, die von Giulio Ulisse Arata geleitet wurden. Unter diesen befand sich auch der künftige Eigentümer, Giuseppe Mannajuolo, nach dem der Palazzo benannt ist. Für seine Konstruktion griffen die Ingenieure auf die moderne Technik des Stahlbetons und die reiche Formensprache des neapolitanischen Barock zurück, von dem sie einige Elemente einsetzten. Schon die Lage in diesem Abschnitt der Via Filangieri, die sich in einer leichten Kurve auf die Via dei Mille öffnet, ist filmreif. Von hier aus kann man den wohldurchdachten Einsatz der Kombination von Beton, Glas und Eisen, typischen Jugendstil-Merkmalen, erst richtig würdigen. Das Gebäude ist um einen zentralen elliptischen Kern angelegt, und elliptisch verläuft auch die herrliche Freitreppe, die alle Etagen bedient. Auch wenn der Palazzo in Privatbesitz und nicht öffentlich zugänglich ist, können Neugierige am Eingangsportal einen Blick auf die Treppe erhaschen. Diese ist wirklich eine Augenweide, wie sie sich elegant und schlank in weichen Formen aus Marmor und Gusseisen in die Höhe schwingt.

2017 hat der italienische Regisseur mit türkischen Wurzeln Ferzan Özpetek hier einige Szenen seines Films »Das Geheimnis von Neapel« gedreht.

Adresse Via Gaetano Filangieri 37, 80132 Napoli | ÖPNV Piazza Amedeo (Metro 2); Parco Margherita (Seilbahn von Chiaia); Filangieri-Cavallerizza (Buslinien C 24, E 6) | Öffnungszeiten Es ist ein Privatgebäude, tagsüber können Sie aber den Portier bitten, Ihnen das Innere zu zeigen. | Tipp Wunderschön ist auch der Palazzo Cellammare am Ende der Via Chiaia. Zu ihm gehört ein lauschiger Garten, der sich derzeit in Privatbesitz befindet und so nur von außen einsehbar ist.

68 Der Palazzo Penne

Das Haus des Beelzebub

Es ist eines der elegantesten Portale der Stadt und dennoch kaum bekannt. Seine Lage inmitten der engen und dunklen Gässchen nahe des Largo Banchi Nuovi ist für einen Adelspalast auch reichlich ungewöhnlich. Als er 1406 errichtet wurde, wie uns die Steintafel oberhalb des Bogens verrät, befand sich hier einer der Zugänge zur Stadt. Sein Bau erfolgte auf Geheiß von König Ladislaus von Durazzo, der Antonio Penne, seinen Intimus und Sekretär, damit betraute.

Der Palazzo wird auch Palast des Beelzebub genannt, denn die Legende erzählt, dass Penne sich bei seiner Ankunft in Neapel in ein Mädchen verliebte, das aber bereits einem anderen versprochen war. Wenn er aber imstande wäre, ein ganzes Gebäude in einer Nacht zu bauen, dann würde sie sein werden. Ohne zu zögern, ging Penne den klassischen Pakt mit dem Teufel ein: seine Seele im Tausch gegen einen über Nacht zu bauenden Palast. So machte sich der Teufel ans Werk und lieferte das Vereinbarte pünktlich ab. Er hatte jedoch das Kleingedruckte im Vertrag nicht gelesen, nämlich dass Penne seine Schuld nur dann begleichen würde, wenn dieser alle im Innenhof verstreuten Weizenkörner gezählt hätte. Der arme Teufel begann, sie zu zählen, und wurde zum zweiten Mal Opfer von Pennes Schläue, hatte dieser doch die Körner vorher mit Pech übergossen. So verklebten sie die Finger Luzifers und machten ihm die Zählung unmöglich. Nachdem der Teufel vergeblich seine Seele eingefordert hatte, bekreuzigte sich Antonio Penne, worauf der Beelzebub in einem Brunnen im Innenhof versank.

Und vielleicht steckt er ja noch da unten. Wir werden es nicht erfahren, da der Palast aufgrund von Restaurierungsarbeiten geschlossen ist. Über dem Eingang sind Verse von Martial eingelassen: »Du, der du das Haupt abwendest, du Neiderfüllter, und dieses Haus nicht gerne betrachtest, kannst allem neidisch gegenüberstehen, denn keiner beneidet dich.«

Adresse Piazzetta Teodoro Monticelli 121, 80134 Napoli | **ÖPNV** Università (Metro 1) | **Öffnungszeiten** Das Portal ist immer sichtbar, der Palazzo aber zurzeit wegen Bauarbeiten geschlossen. | **Tipp** Ein weiteres eher unbekanntes Portal ist das des Palastes des Herrschers von Konstantinopel an der Via San Nicola a Nilo, einer engen Seitenstraße der Via Tribunali. Er ist im Durazzo-Stil und besonders breit gehalten, um die Durchfahrt von Kutschen zu ermöglichen.

69_Der Palazzo Venezia

Ein Ort für Kunst in der Altstadt

König Ladislaus II. von Anjou, König von Neapel, schenkte dieses Gebäude Anfang des 15. Jahrhunderts der Republik Venedig, sodass es zum Sitz der venezianischen Botschaft wurde und etwa vier Jahrhunderte lang Botschaftspersonal beherbergte. Dieser Funktion verdankt sich der geläufigere Name des Palastes, der eigentlich Palazzo Capone San Marco heißt, nach der Familie, die ab Anfang des 19. Jahrhunderts in seinen Besitz kam und ihm sein heutiges Aussehen verlieh.

Wenige Meter von der Kirche Santa Chiara und der Piazza Gesù Nuovo entfernt, wurde das Gebäude unlängst der Vergessenheit entrissen und beherbergt nun Veranstaltungen, Ausstellungen und Begegnungen. Von der zentralen und immer gedrängten Via Benedetto Croce führt ein großes Eingangsportal in einen eleganten Innenhof, auf den sich eine Loggia mit Brüstung öffnet. Im Erdgeschoss gibt es einen Bereich für wechselnde Ausstellungen, aber auf der ersten Etage liegt der Hauptteil der für die Öffentlichkeit geöffneten Einrichtungen. Um eine kleine Bar herum werden die Veranstaltungen eines kleinen, sehr rührigen Kulturverbands ausgerichtet, dem die Zukunft dieses Ortes am Herzen liegt. Ob Events, künstlerische und handwerkliche Aktivitäten – hier gibt es immer etwas zu tun. Sehr reizvoll ist der dahinterliegende Hängegarten, der den Rest des weitläufigen Gebiets markiert, das den historischen Palazzo umgab. Auf den Garten öffnet sich die sogenannte Casina Pompeiana mit ihren ungeheuer eleganten Räumlichkeiten und dem vielleicht faszinierendsten Ambiente des gesamten Gebäudes. Hier ist eine ganz besondere Atmosphäre zu Hause, und Buchpräsentationen, Ausstellungen und kleine Theateraufführungen sind hier bestens aufgehoben. Mit seinem Flügel ist es auch ein idealer Ort für Konzerte und andere musikalische Darbietungen.

Die Räumlichkeiten dieses Palastes sind also eine echte Überraschung im geschäftigen Herzen einer Stadt, die niemals ruht. Hier kann man abschalten, sich einen Café an der Bar gönnen und in der schönen Jahreszeit mit einem Buch im Garten sitzen.

Adresse Via Benedetto Croce 19, 80134 Napoli, Tel. 081/5528739, www.palazzoveneziananapoli.com | **ÖPNV** Monteoliveto (Buslinien R 1, R 4, 201); Dante oder Università (Metro 1) | **Öffnungszeiten** Mo – Sa 10 – 13.30 und 15.30 – 19 Uhr, So je nach Jahreszeit, Zugang zum Palazzo kostenlos, mit der Möglichkeit geführter Besichtigungen | **Tipp** Schaut man vom Garten nach oben, erblickt man die kleine Terrasse, die Benedetto Croce, Bewohner des benachbarten Palazzo Filomarino, oft aufsuchte.

70__Der Park von Capodimonte

Die Oase der Neapolitaner

Er liegt zwar nicht zentral, aber mit dem Bus ist man schnell dort. Dieser Anfang des 18. Jahrhunderts als Jagdrevier für den Bourbonenkönig Karl III. angelegte Park liegt auf dem Hügel von Capodimonte im Norden der Stadt. Planer des Parks war Ferdinando Sanfelice, der die Baumarten nach den Jagdgepflogenheiten des Königs wählte. Die Besucher flanieren unter Eichen und Kastanien, Steineichen, Ulmen, Linden und vielen weiteren Baumarten des Mittelmeerraums. Früher gab es hier auch Obstbäume. Der Aufbau des Parks ist im barocken Stil gehalten, mit großen baumbestandenen Alleen, die Statuen zieren. An den Rändern der Alleen erstreckt sich dichte Vegetation, die von kleineren Wegen durchzogen wird. Hier lässt es sich prächtig laufen, sodass der Wald von Capodimonte auch einer der beliebtesten Orte für diesen Sport ist wie auch für beschauliche Spaziergänge.

Der Lärm der Stadt bleibt ausgesperrt, und an schönen Tagen, die in Neapel nicht fehlen, bevölkert sich der Park mit Müttern und Vätern, die Kinderwagen schieben, und Personen jeden Alters, die hier laufen oder im Schatten eines Baumes der Lektüre nachgehen.

Ferdinando Sanfelice ließ im Park eine ganze Reihe an Nebengebäuden zur Reggia anlegen, wie landwirtschaftliche Speicher, Ställe, Arbeiterunterkünfte und eine San Gennaro geweihte Kirche aus dem Jahr 1745. Viele kostbare Stücke des berühmten Porzellans aus Capodimonte erblickten hier das Licht der Welt, wo Karl die Königliche Porzellanmanufaktur errichten ließ.

Heute hat ein auf Porzellan und künstlerische Keramik spezialisiertes Schulinstitut seinen Sitz im Park. Und wenn Sie schon mal hier sind, sollten Sie auch einen Abstecher in die Gärten des Königspalastes machen, in denen sich zahlreiche Gebäude wie die Reitställe befinden.

Adresse Via Miano 4, 80145 Napoli, Tel. 081/7499111, www.boscodicapodimonte.it | **ÖPNV** Piazza Dante (Bus C 67) | **Öffnungszeiten** täglich ab 7.45 Uhr, Nov.–Jan. bis 17 Uhr, April–Sept. bis 19.30 Uhr, Okt., Feb. und März bis 18 Uhr, Eintritt frei | **Tipp** Gegenüber dem Haupteingang des Parks gelangt man über die Via Sant'Antonio a Capodimonte rasch zur Salita Capodimonte. Tagsüber ist dies ein schöner Spaziergang durch das Viertel Sanità.

71 Die Pedamentina

Mutter aller Treppen

»Sie ist weder flach noch steil, sie ist eine Gerade, die auf den Hügel führt, eine Straße, die vom Meer ausgeht, ein Durchgang durch die schiefe Stadt.« So sang Edoardo Bennato Ende der 1980er Jahre. Der neapolitanische Barde bezog sich auf die Treppen dieser Stadt, ob nun in Form weniger Stufen, langer Frei- oder Monumentaltreppen, die sich hangwärts schlängeln und die Altstadt mit dem Meer verbinden. Die Existenz der vielen Fußwege in der Stadt ist auf die Erweiterung Neapels über die Stadtmauern hinaus im 16. Jahrhundert zurückzuführen. In den letzten Jahrzehnten waren die Treppen der Stadt Gegenstand einiger urbanistischer Überlegungen, entfernte Bezirke durch moderne Infrastrukturen zu vernetzen, die nicht den Höhenkurven folgen, sondern diese durchschneiden – eben durch Ausnutzung der Treppen. Eines dieser städteplanerischen Vorhaben diente Bennato, der selbst Architekt war, zum Vorbild für sein Lied mit dem Titel: »La città obliqua« (Die schräge Stadt).

Die Treppen Neapels sind ein großes Netz, ein architektonisches Patchwork, das zur wunderbaren Collage beiträgt, als der die Stadt vor uns liegt. Auf Gemälden, Drucken und Illustrationen Neapels, aber auch in vielen der *canzoni* der neapolitanischen Tradition ist die Treppe ein wiederkehrendes Motiv. Früher beherbergte Neapel über 200 von ihnen. Mit der Zeit wurden einige davon untergraben oder abgetragen, in steile Straßen für den Verkehr von Karren und später Autos umgewandelt. Andere wiederum, vielleicht die schönsten, widerstehen der Mobilität. Eine von diesen ist die Via Pedamentina, die im 14. Jahrhundert angelegt wurde. Sie verbindet den Platz und das Belvedere von San Martino vor der gleichnamigen Kartause mit dem Corso Vittorio Emanuele mit ihren 414 Stufen, die an schönen Tagen den Blick bis zur Halbinsel von Sorrento gestatten und Gelegenheit zu einem romantischen Spaziergang der anderen Art im Herzen Neapels bieten.

Adresse Via Pedamentina (Zugang vom Corso Vittorio Emanuele oder dem Belvedere di San Martino), 80126 Napoli | **ÖPNV** Corso Vittorio Emanuele (Seilbahn von Montesanto; Bus V1) | **Öffnungszeiten** Die Treppe ist natürlich immer begehbar, wir empfehlen es aber bei Tage zu tun. | **Tipp** Vom Corso Vittorio Emanuele, ganz nah zur Pedamentina, führt die monumentale Treppe von Montesanto in die Tiefe, die den Corso mit der Piazza Montesanto verbindet.

72 Die Pignasecca

Der schönste Markt Neapels

Die Pignasecca ist einer der besten Orte der Stadt, um frischen Fisch, Obst, Gemüse und fertige Mahlzeiten zu erstehen. Sie liegt an der Grenze zu den Quartieri Spagnoli, und ihr Markt hat seit vielen Jahrhunderten Bestand. Die Neapolitaner kommen hierher, weil die Preise im Schnitt niedriger als anderswo sind. Aber auch für die Atmosphäre, die man hier atmet. Denn dieser Markt ist nicht nur schön zum Einkaufen, sondern ein Spektakel für die Sinne.

Jeden Tag geht hier ein neues Stück der eingeborenen neapolitanischen Theatralik über die Bühne. Die Stände sind prall gefüllt und kunterbunt. Die Verkäufer rufen mit lauter Stimme Namen und Preise ihrer Waren aus. *Limuni e purtualli*, Zitronen und Orangen; *vasenicola e petrusino*, Basilikum und Petersilie; Thunfisch, Garnelen, *purpetielli e paranza*. Man gestikuliert, um die Passanten für sich zu gewinnen und ihnen absolut einmalige Schnäppchen anzubieten. Am besten besuchen Sie die Pignasecca zwischen Weihnachten und Silvester, wenn am meisten Gedränge für den Fisch herrscht, der zum Jahresausklang auf den Tisch kommt.

Der Ursprung des Namens ist kurios, denn bis zum 16. Jahrhundert hieß diese Gegend Biancomangiare und bestand aus Gemüsegärten vor den Toren der Stadt. Die städtebaulichen Veränderungen schufen auch die heutige Via Toledo. Dabei wurden viele Grünflächen dem Boden gleichgemacht, und nur eine Pinie (*pigna* auf Neapolitanisch) blieb an ihrem Platz. Der Baum bevölkerte sich mit Elsternnestern, die dort ihre Beute versteckten. Die Beraubten beschwerten sich beim Erzbischof, welcher eine Exkommunikation gegen unbekannt verhängte. Schließlich fanden Gendarmen das Diebesgut auf dem Baum, aber der Bann war bereits verhängt, sodass sie das Dokument notgedrungen an den Stamm der Pinie nagelten. Einige Zeit später vertrocknete der Baum, und seitdem nennen ihn die Bewohner der Gegend Pignasecca, vertrocknete Pinie.

Adresse Via Pignasecca, Via Portamedina und Umgebung, 80134 Napoli | ÖPNV Montesanto (Metro 2; Cumana-Eisenbahn) | Öffnungszeiten Der Markt findet jeden Tag an großen Ständen im Freien statt. Die Fischstände sind normalerweise nur am Morgen zu finden. | Tipp In einer Seitenstraße der Pignasecca liegt die Taverna del Buongustaio, eine der bei Neapolitanern beliebtesten (Via Basilio Puoti 8, Tel. 081/5512626). Reservieren empfehlenswert.

73 Bei Pintauro

Die Sfogliatella

Dieser Ort ist ein Muss. Hier in der verkehrsberuhigten Via Toledo, dem Salon der Neapolitaner, liegt das kleine Geschäft Pintauro, das man fast übersieht, aber das der Tempel des neapolitanischen Naschwerks par excellence ist: die Sfogliatella.

Der Ursprung dieses traditionellen *dolce* ist unklar. Anscheinend tauchte es vor über 400 Jahren in einigen Klöstern auf, möglicherweise auch im Kloster Santa Rosa an der amalfitanischen Küste. Anfänglich bestand die Grundlage dieser Süßspeise nämlich aus Milchgrieß, Trockenobst, Zucker und Zitronenlikör und hieß *santarosa*. Das ursprüngliche Rezept durchlief den Wandel der Zeiten, die es verfeinerten und noch delikater machten.

Zwei Jahrhunderte später gelangte es nach Neapel, wo Pasquale Pintauro, damals Inhaber einer Osteria, eine noch raffiniertere und unwiderstehliche Variante erschuf, die wir heute in Namen und Form genießen. So entstand die Sfogliatella *riccia*, kegelförmig wie eine barocke Muschel und auf Blätterteig-Grundlage, und die Sfogliatella *frolla*, rund und gewölbt und mit Mürbeteig überzogen.

Seither besteht das Herz dieser Spezialität aus Ricotta, kandierten Orangen und anderen typischen Gewürzen der parthenopäischen Küche. Ihr Aroma ist unverwechselbar und passt zum Frühstückscafé, als nachmittäglicher Imbiss oder als Nachtisch zu den Mahlzeiten.

Der verführerische Duft lockt Passanten zum Eingang der kleinen Bäckerei Pintauro, die das Aussehen eines Tante-Emma-Ladens mit Marmortresen und Schaufenster im alten Stil bewahrt hat. Es bleibt Ihnen nichts übrig, als sich anzustellen, um in eine noch warme Sfogliatella frisch aus dem Ofen zu beißen. Als *frolla*, die im Mund zergeht, oder als knusprige *riccia*? Wählt man eine, bleibt man neugierig auf die andere, sodass Sie mit ziemlicher Sicherheit mit einer Tüte oder gar einem Tablett dampfender Leckerbissen den Laden verlassen und Ihnen die Passanten der Via Toledo neidisch nachblicken.

Adresse Via Toledo 275, 80138 Napoli, Tel. 081/417339 | **ÖPNV** Toledo (Metro 1) | **Öffnungszeiten** täglich 9–20 Uhr | **Tipp** Ein weiterer Tempel der Sfogliatella ist Attanasio in der Gegend der Piazza Garibaldi am Hauptbahnhof (Vico Ferrovia 1, Tel. 081/285675, www.sfogliatelleattanasio.it; Mi–So 6.30–19.30 Uhr).

74 Die Piscina Mirabilis

Die größte Zisterne des Römischen Reiches

Der Name kann den Besucher auf die falsche Fährte führen. Dies ist kein Ort, wo man sich auf die Schwimmweltmeisterschaften vorbereitet, sondern ein architektonisches Juwel der Antike. Die *piscina* liegt nahe Neapel in der Stadt Bacoli mitten in den Phlegräischen Feldern auf dem Vorgebirge, das den Hafen von Miseno einrahmt. Aber eigentlich liegt sie im Vorgebirge, denn es handelt sich ja um eine unterirdische Zisterne.

Sie wurde in augusteischer Zeit eingerichtet, um Wasser aus den Quellen des Serino in Irpinien zu sammeln, dessen Wasser über ein mächtiges, mehrere hundert Kilometer langes Aquädukt hierhergelangte. Es ist die größte je gebaute römische Zisterne: 15 Meter hoch, 70 Meter lang und 25 Meter breit. Sie konnte zwölf Millionen Liter Wasser fassen und diente zur Versorgung der Classis Misenensis, der großen Schiffsflotte im nahen Hafen von Miseno.

Der Name Piscina Mirabilis wurde ihr später verliehen, nämlich erst Ende des 17. Jahrhunderts, aber er passt genau. Heute kann die Zisterne besichtigt werden: Eine Metalltreppe führt in einen weitläufigen Komplex aus unterirdischen Räumen, die in den Tuff gehauen wurden und von mächtigen Bögen gestützt werden. Man hat den Eindruck, sich in einer großen Basilika oder einer Kirche mit vielen Schiffen zu befinden.

Im Mauerwerk lässt sich noch die damals eingesetzte Technik ablesen: *opus reticulatum*, eine Mauerverblendung unter Einsatz von Mörtel zur wasserfesten Abdichtung. Die großen Öffnungen an der Decke, die einst der Belüftung der Zisterne und der Wasserentnahme dienten, lassen Lichtstrahlen eindringen und geben dem Ort eine unwirklich-magische Atmosphäre. 1992 nahm der neapolitanische Musiker Daniele Sepe hier einige Stücke seines Albums »Vite perdite« auf, das im Folgejahr erschien, denn die Zisterne besitzt eine ganz eigene Akustik, sodass sie auch für Konzerte und Aufführungen gewählt wird.

Adresse Via Piscina Mirabile, 80070 Bacoli (Na), Tel. 081/5233199 | ÖPNV Montesanto (Metro 2), dann Fusaro (Eisenbahnlinie Cumana oder Lucrino / Piazzetta, Bus Eav) | Öffnungszeiten Der Eintritt ist kostenlos, aber Sie müssen Ihre Besichtigung beim Pächter anmelden (Tel. 333/6853278 oder 333/5730225), Mo geschlossen. | Tipp Weiter in südlicher Richtung gelangt man nach etwa einem Kilometer nach Miseno mit einem kleinen Strand mit Lokalen und Restaurants. Hier hat man einen schönen Blick auf die Inseln Procida und Ischia.

75 Poggioreale

Monumentale Ruhestätte der Künstler

Das als Friedhof genutzte Gebiet des Poggioreale-Hügels besitzt in jeder Hinsicht monumentale Dimensionen. Im Unterschied zum andachtsvollen Pianto-Friedhof (siehe Ort 30) mit dem Totò-Grab zeigt sich der Monumentalfriedhof sofort von seiner imposanten Seite. Immerhin ist er der größte Neapels und einer der wichtigsten in Europa. Er erstreckt sich auf den beiden Seiten der Via Santa Maria del Pianto im Ostteil der Stadt.

Als neapolitanischer Père-Lachaise wurde der Friedhof zu Anfang des 19. Jahrhunderts eingerichtet und avancierte unverzüglich zur begehrten Begräbnisstätte von Literaten, Künstlern und einflussreichen Persönlichkeiten. Einige der berühmtesten Namen seien hier genannt: der Dichter Salvatore Di Giacomo, der Musiker Saverio Mercadante, der Bildhauer Vincenzo Gemito, der Philosoph Benedetto Croce, der Dramaturg Raffaele Viviani oder der Politiker Enrico De Nicola, erster Präsident der Italienischen Republik.

Ihre Grabmale befinden sich in einem abgeschiedenen Teil des Friedhofs, einer Art verwunschenem Garten. Hier regiert der Staub der Zeiten, und der Efeu rankt sich über mittlerweile schiefe Steinkreuze. Das Eisen ist vom Rost zerfressen, manche Grabsteine sind ergraut oder versunken. Flaniert man durch diese alte Gräberwelt, liest die Namen und die Daten, lässt sich ein Neapel mit seinen Liedern und seiner Musik, der Literatur und den *pièces*, die das Theater belebten, rekonstruieren. Jenseits der Umfassungsmauer tut sich ein weites Panorama auf, das die Kulisse für die Silhouette des Vesuvs bietet.

Folgt man dem leicht abschüssigen Sträßchen, führt eine Treppe zu einem großen viereckigen Platz, der von einer neoklassizistischen, im dorischen Stil gehaltenen Portikus umschlossen wird. Diese öffnet sich auf einen weiteren Eingang zur Via Santa Maria del Pianto, wo der neue Friedhof, der Cimitero Nuovissimo, beginnt.

Adresse Via Santa Maria del Pianto, 80144 Napoli, Tel. 081/7956220 | ÖPNV Poggioreale (Eisenbahnlinie Circumvesuviana, nahe des unteren Eingangs); Nuova del Campo/Cimitero Pianto (Bus 182, dann etwa 800 Meter zu Fuß) | Öffnungszeiten täglich 7–18 Uhr | Tipp In der Nähe liegen der englische Friedhof gegenüber dem Cimitero del Pianto und zwei jüdische Friedhöfe, unweit vom Cimitero Nuovissimo.

76_Port'Alba

Die Straße der Bücher

Der kurze Straßenabschnitt, der die Piazza Dante mit der Piazza Bellini verbindet, durchquert eines der ehemaligen Stadttore aus der Epoche der Anjou: Port'Alba. Der Name ist vom Spanier Antonio Álvarez, Graf von Alba und Abkömmling von Don Pedro de Toledo, abgeleitet, dem Vizekönig, der 1626 den Bau anordnete. Heute hat dieses Tor ein ganz anderes Aussehen, das ihm im ausgehenden 18. Jahrhundert verliehen wurde, aber im oberen Teil der Seite, die sich auf den Halbkreis der Piazza Dante öffnet, sieht man noch die Wappen aus dem 17. Jahrhundert, darunter das des Vizekönigs.

Die Straße, die sich unmittelbar nach dem Tor öffnet, trägt den Namen des Stadttores und ist ein Mekka der Bibliophilen Neapels: Hier liegen viele Buchhandlungen, die für ihr Sortiment und die Möglichkeit beliebt sind, Titel aus zweiter Hand zu finden. Auch die historische Buchhandlung Guida war hier lange zu Hause, die seit 1983 zum staatlichen Kulturerbe zählt, derzeit aber geschlossen ist. Die ganze Stadt hofft auf ihre baldige Wiedereröffnung.

Die Port'Alba ist ein idealer Treffpunkt mit Freunden, die notorische Zuspätkommer sind, kann man die Zeit doch beim Stöbern der Stände mit gebrauchten Büchern überbrücken. Hier findet man alle Arten von Büchern, von Romanen über technische Handbücher, von Schulbüchern bis zu Sprachkursen. Natürlich gibt es auch ein riesiges Angebot an Reiseführern und Büchern zu Neapel sowie eine beeindruckende Menge an historischen Postkarten.

Besonders romantisch sind die Sammlungen mit beschrifteten, frankierten und zugestellten Postkarten. Mit der Schönschrift und den Tintenklecksen finden diese alten Postkarten hier zu neuem Leben und regen den Stöbernden zum Träumen an, welche Gefühle die Menschen umtrieben, die sie verfassten oder erhielten. In dieser Straße begegnet man dem heutigen, dem vergangenen, dem realen oder geträumten Neapel.

Adresse Via Port'Alba, 80134 Napoli | **ÖPNV** Dante (Metro 1) | **Öffnungszeiten** Die Buchhandlungen und ihre Stände sind zu den normalen Geschäftszeiten geöffnet, So geschlossen. | **Tipp** Die Buchhandlung Berisio unter Hausnummer 28 (Tel. 081/5499090) besitzt ein reiches Sortiment an alten Büchern und organisiert häufig Veranstaltungen und Präsentationen.

77 Die Porta Capuana

Der antike Zugang zur Stadt

Dieses hochelegante Monumentaltor stammt aus dem Jahr 1484. Es ist ein bewunderungswürdiges Beispiel für die neapolitanische Renaissance und wurde an einem wichtigen Ort für Verkehr und Handel in die aragonesischen Stadtmauern geschlagen. Planer war Giuliano da Maiano im Auftrag von Ferrante d'Aragona, der ein Bauwerk von hohem ästhetischen und symbolischen Wert schaffen wollte. Das Ergebnis war ein echter marmorner Triumphbogen zwischen zwei runden Türmen aus Piperno, die der Tugend und der Ehre gewidmet sind.

Wie bei den anderen schuf Mattia Preti auch an diesem Tor ein Fresko mit den Heiligen, die dabei sind, den Höchsten anzurufen, um das Volk von der Geißel der Pest 1656 zu befreien, das jedoch verloren ging.

Im Laufe der Jahrhunderte war das Stadttor durch Gebäude überbaut worden, doch wurde die vermutete Gestalt des Tores in aragonesischer Zeit wiederhergestellt. So können Sie das Tor heute wieder im alten Glanz bewundern, dazu ein Stück der nördlichen Stadtmauer und einen zusätzlichen Turm.

Die Fassade der Porta Capuana geht auf die Piazza Giovanni Leone hinaus, während sich hinter dem Triumphbogen, also in seinem Inneren, die Piazza Enrico De Nicola öffnet. An diesem Platz liegt die monumentale Klosteranlage aus der Renaissance Santa Caterina a Formiello. Hier befinden sich auch eine berühmte Statue von San Gaetano und eine *aedicula* mit der Büste von San Gennaro. Unweit von hier, am selben Platz, liegt das Castel Capuano, das der Staufer Friedrich II. Anfang des 13. Jahrhunderts prächtig anlegen ließ.

In der Umgebung der Porta Capuana befand sich vor etwa einem Jahrhundert das sogenannte Quartier Latin Neapels, ein Treffpunkt von Künstlern und Intellektuellen der Zeit. Noch heute ist die Gegend sehr belebt und beliebt. Man kommt für den Trödelmarkt hierher, um gebrauchte und günstige Artikel zu erstehen. Vorsicht vor Taschendieben ist angebracht.

Adresse zwischen Piazza Giovanni Leone und Piazza Enrico De Nicola, 80139 Napoli | ÖPNV Garibaldi (Metro 1), Centrale (Metro 2) | Öffnungszeiten immer geöffnet | Tipp Im Kreuzgang des nahen Klosterkomplexes Santa Caterina a Formiello lädt das hochinteressante Projekt Made in Cloister (www.madeincloister.com) zu Ausstellungen des Kunsthandwerks.

78_Die Porta Nolana

Geschichte im Markttreiben

Sind Sie zufällig in der Nähe des Hauptbahnhofs, lohnt es sich, den geschäftigen Bahnhofsplatz zu überqueren und links den Corso Garibaldi einzuschlagen. Nach wenigen hundert Metern liegt rechts die Piazza Nolana vor ihnen, an der sich dieses wunderschöne Stadttor aus der Renaissance erhebt, eines von vier noch erhaltenen. Es wurde im 15. Jahrhundert in die alten Stadtmauern geschlagen, um das Tor von Forcella zu ersetzen, das man auch del Cannavaro nannte. Der Name ist von der Straße abgeleitet, die vom Tor zum Ort Nola, unweit von Neapel, führte.

Ein Rundbogen wird von zwei beeindruckenden Türmen aus Piperno-Gestein umarmt, die dem Glauben und der Hoffnung geweiht sind. An ihrer Vorderseite ziert sie ein Relief mit dem aragonesischen König Ferrante I. zu Pferde, dazu einige Wappen und sogar samnitische Symbole. Auf der Rückseite, also der Innenseite der Stadtmauer, ist San Gaetano abgebildet. Auch an diesem Tor, wie auch an dem San Gennaro geweihten (siehe Ort 79), befand sich ein Fresko von Mattia Preti mit der Madonna und den Heiligen, die um Beistand gegen die Pest von 1656 beten. Wie bei der Porta Capuana (siehe Ort 77) ist es verloren gegangen.

Am besten kommen Sie morgens her, wenn der Platz von den Marktständen in Beschlag genommen wird. Auch wenn die Planen manchmal die Sicht auf das Tor versperren, lohnt die Basar-Stimmung einen Besuch: Die Marktstände mit Lebensmitteln ziehen sich ununterbrochen die Via Nolana und vor allem Via Sopramuro entlang, ein pittoreskes Sträßchen, das bis zur Basilica del Carmine und dann zur Piazza Mercato führt. Inmitten der Stände ist man von einer Explosion an Farben und Geräuschen umgeben. Händler preisen ihre Waren mit lauter Stimme an: Obst, Gemüse und den besten Fisch der Stadt. Dieser Markt erreicht seinen Höhepunkt in der Weihnachtszeit, wenn die Neapolitaner für ihr sprichwörtliches Weihnachts- und Silvesteressen hierherkommen.

Adresse Piazza Nolana, Corso Giuseppe Garibaldi, 80142 Napoli | **ÖPNV** Garibaldi (Metro 1), Centrale (Metro 2); Porta Nolana (Eisenbahn Circumvesuviana) | **Öffnungszeiten** immer geöffnet, Markt wird morgens abgehalten | **Tipp** Die Pizzeria Tutino in Via Cesare Carmignano 79 (Tel. 081/268711). Spezialität ist die sogenannte Pizza Portafoglio, die doppelt gefaltet in Ölpapier serviert wird und so an einen Geldbeutel erinnert.

79 Die Porta San Gennaro

Das älteste Tor der Stadt

Von allen alten Stadttoren Neapels entgeht dies vielen Reisenden. Vielleicht hat es mit seiner Lage zu tun, so versteckt liegt es unter den Gebäuden, die es im Laufe der Zeit »geschluckt« haben. Und doch ist es das älteste der Stadt und eines ihrer bedeutendsten Wahrzeichen.

Die Porta San Gennaro geht im Süden auf die weitläufige Piazza Cavour hinaus, die vor 15 Jahren anlässlich der Öffnung der neuen U-Bahn-Linie unter Leitung von Gae Aulenti ein neues Gesicht erhielt. Der Bogen wurde im Jahr 1537 unter dem Vizekönig Don Pedro de Toledo an der heutigen Stelle errichtet. Er liegt dabei nicht weit vom vorherigen Standort des Tores entfernt, das sich ebenfalls auf diese Seite der Stadt öffnete. Früher hieß das Tor auch »porta del tufo«, da hier die Karren mit Tuffstein aus den nahen Steinbrüchen des Sanità-Tales in die Stadt einfuhren.

Oberhalb des mächtigen Rundbogens prangt eine große *aedicula*, die von Mattia Preti nach der Großen Pest 1656 mit Fresken ausgemalt wurde. Zu sehen sind San Gennaro, San Franceso Saverio und Santa Rosalia, die dabei sind, die furchtbare Epidemie zu vertreiben. Das Fresko wurde jüngst restauriert und ist nun wieder im alten Glanz zu sehen. Genau unterhalb des Tores auf der rechten Seite liegt eine weitere Votivgabe: eine Nische mit einem Gemälde der Jungfrau Maria, das nach der Cholera-Epidemie 1884 angefertigt wurde.

Durchquert man das Tor, stößt man nach 50 Metern auf die Kirche Gesù delle Monache, die Teil eines sehr alten Klosters ist. Die Kirche sticht durch ihre Fassade aus der Spätrenaissance heraus und stand vielen weiteren Bauwerken Modell, auch denen des gefeierten Fanzago. Der Bau der Kirche wurde von den Aragonesen als Familienpantheon finanziert, sie wurde aber erst fertig, als das Ende der spanischen Herrschaft bereits besiegelt war. Ihr heutiges Aussehen verdankt sich Eingriffen späterer Epochen, vor allem des Barock.

Adresse Via Porta San Gennaro, Piazza Cavour, 80138 Napoli | **ÖPNV** Museo (Metro 1), Cavour (Metro 2) | **Öffnungszeiten** immer geöffnet | **Tipp** Von den Tischen der Pizzeria Capasso genau dahinter können Sie das Tor ganz bequem sitzend bestaunen und dazu eine gute Pizza genießen (Via Porta San Gennaro 2; Tel. 081/456421).

80 Procida

Die Insel des Postmanns

Auf der Insel Procida, die man in einer halben Stunde vom Festland erreicht, befindet sich einer der Schreine des italienischen Kinos. Zwischen den pastellfarbenen Häusern des Fischerhafens Corricella wurden viele Schlüsselszenen des Films »Der Postmann« von Michael Radford (1994) gedreht, in dem Massimo Troisi den Postmann Mario spielt, der in Beatrice (Maria Grazia Cucinotta) verliebt ist.

Aber Procida besitzt eine lange Affinität zur Kunst: Schon 1852 hatte sie der französische Poet und Schriftsteller Alphonse de Lamartine in seinem Roman »Graziella« besungen; dazu ist hier der Roman »Arturos Insel« angesiedelt, mit dem Elsa Morante 1957 den Premio Strega gewann.

Die kleine übersichtliche Insel kann gut zu Fuß erwandert werden. Vom Hafen steigt man zum urigen Viertel Terra Murata hinauf, wo sich das Kloster San Michele Arcangelo erhebt, das um das Jahr 1000 steil über dem Meer errichtet wurde. Von der Terrasse hat man einen weiten Blick über den Golf von Neapel, vor uns die sorrentinische Halbinsel und die Insel Capri und die unverwechselbare Silhouette des Vesuvs im Hintergrund.

Auch die kleinen Buchten und Strände von Procida hat man schnell erreicht. An der Westspitze, die auf das nahe Ischia zeigt, befindet sich die kleine Insel Vivara – heute staatliches Naturreservat –, die aus dem ehemaligen Krater eines alten Vulkans entstanden ist.

Genau hinter dem Yachthafen von Marina Chiaiolella erstreckt sich der größte Strand Procidas, der Ciraciello, auch bekannt als Strand der Chiaiolella. Weitere empfehlenswerte kleine Buchten sind die von Chiaia mit schöner Sicht auf Corricella, die von Pozzo Vecchio, bekannt als Strand des Postmanns. Vom Friedhof aus sind es nur ein paar Minuten.

Procida ist ein ideales eintägiges Ausflugsziel von Neapel aus. Im Sommer natürlich zum Baden, zu anderen Jahreszeiten genießt man hier das Flanieren und die Landschaft.

Adresse Isola di Procida, 80079 Napoli | **ÖPNV** Die Tragflügelboote fahren vom Molo Beverello ab (circa eine halbe Stunde Überfahrt). Die Fähren dagegen starten vom Hafen Calata di Massa (eine Stunde) und Pozzuoli (circa 20 Minuten). Auf der Insel gibt es zwei Buslinien: L 1 und L 2. Tickets vor dem Einsteigen kaufen. | **Öffnungszeiten** Die Mitnahme motorisierter privater Fahrzeuge ist von Anfang April bis Ende September für gewöhnlich nur Anwohnern gestattet. Anwohner außerhalb Kampaniens sind vom Verbot ausgenommen. | **Tipp** Treffen Sie rechtzeitig Vorbereitungen für einen Ausflug zur kleinen beschaulichen Insel Vivara, die viele Legenden aus Procida birgt (www.vivara.it).

81_Der Pulcinella

Volkstümliche Maske

Sie ist vielleicht die Maske, die die Identität und die Art, Neapolitaner zu sein, am bündigsten wiedergibt. Poetisch und flapsig zugleich, traurig, aber immer witzig, steht Pulcinella für die Seele Neapels. Mit seinem weißen und flatternden Gewand, der großen länglichen Kopfbedeckung, seinem Wanst, der hervorstehenden Nase und der schwarzen Maske über den Augen macht er sich über jeden lustig, der seinen Weg kreuzt. Er symbolisiert die ewige Suche nach Befreiung, die fast nie gut ausgeht, denn Pulcinella markiert den starken Mann, aber er ist Opfer. Als Maske der Commedia dell'arte geht er vermutlich aus den römischen *fabulae atellanae* hervor, aber in Neapel wurde er in der zweiten Hälfte des 16. Jahrhunderts als Policinella neu erfunden und erlangte später seine heutige Gestalt. Pulcinella hat alle Kunstformen durchlaufen, vom höfischen Theater über die Marionetten bis hin zum Kino, und wurde von den Größten aus Film und Theater verkörpert, von Eduardo über Totò bis Troisi. In der Stadt ist er allgegenwärtig.

Pulcinella ist eine echte Ikone Neapels: Die Stadt hat sich mit ihm identifiziert und ihn zu ihrem folkloristischen Wahrzeichen erhoben. In der Altstadt, an der Ecke Via Tribunali und Vico Fico al Purgatorio, steht ein großer Pulcinella aus Bronze. Der Maler und Bildhauer Lello Esposito, der sich mit den Archetypen, der Vorstellungswelt und den Symbolen Neapels in seiner Kunst beschäftigt, hat ihn erschaffen und der Stadt gestiftet.

»Es gibt keine universellere Figur, die gleichzeitig Neapel so verkörpert wie Pulcinella«, erklärte der Kunstkritiker Jean Schifano bei der Eröffnung der Skulptur. Um hinzufügen: »Es gibt eine starke Übereinstimmung zwischen dem neapolitanischen Wesen und dem Universellen.«

Der bronzene Pulcinella steht an dem Ort, an dem über Jahrzehnte eine ältere Signora ihren Stand hatte. Eine Gedenktafel erinnert heute an sie.

Adresse Vico Fico al Purgatorio ad Arco, an der Kreuzung mit Via dei Tribunali, 80138 Napoli | **ÖPNV** Cavour (Metro 2); Duomo/Tribunali (Buslinien E 1, E 2) | **Öffnungszeiten** immer geöffnet | **Tipp** Genau daneben unter Via dei Tribunali 359 liegt die Café-Bar Mazz, seit zwei Generationen von Familie Mazzaro betrieben: Gebäck und Kaffee sind herausragend. Kostenloses Wi-Fi.

82 Die Puppenklinik

Ein Ort für die Pflege von Erinnerungen

Jedes Kind weiß: Puppen besitzen eine Seele. Aber vor allem haben sie einen Körper, der manchmal kaputtgeht. Aber keine Sorge: In Neapel gibt es eine Lösung für alles, und auch Puppen kann man reparieren. Oder besser heilen.

Denn in diesem schönen Palazzo auf der Via Spaccanapoli kann diese kleine Werkstatt für Puppen, Marionetten und Schaufensterpuppen als echtes Sanatorium durchgehen. Die Krankenschwestern, pardon Ärztinnen, sind spezialisiert auf die Behandlung von gebrochenen Armen und Beinen und mit der Zeit oder durch zu inniges Spielen ausgeleierten Sehnen. Aber hier kann man auch Augen ersetzen, Kopfhaar wieder zu alter Frische verhelfen und Miniaturkleider für die elegantesten Püppchen neu machen.

Diese ganz besondere Klinik entstand Ende des 19. Jahrhunderts auf Betreiben des Theaterbühnenbildners Luigi Grasso, der auch als »Puppendoktor« bekannt ist. Heute hat Enkelin Tiziana seinen Platz eingenommen, die für alte Objekte schwärmt und ausgebildete Restaurateurin ist. Zusammen mit ihren zwei Assistentinnen hat sie aus dieser Werkstatt ein echtes Archiv der Zeit gemacht, voller wundervoller Puppenraritäten, die hier wieder zum Leben zurückfinden.

Aber es sind nicht nur Kinder, die ihre Puppen den heilenden Händen von Tiziana anvertrauen. In den meisten Fällen handelt es sich um Sammler oder Erwachsene, die das Band zur Vergangenheit nicht abreißen lassen oder ihren Kindern und Enkeln ein Stück ihrer Kindheit vermachen wollen. Puppen aus Holz oder Porzellan, *bambulelle 'e pezza*, also aus Stoff, unauffindbare Schaufensterpuppen, die vor dem endgültigen Verschwinden gerettet wurden. Natürlich fehlt es auch nicht an einer gut ausgestatteten »Tierarzt«-Praxis, wo selbst die kaputtgeliebtesten Plüschtiere wieder zu alter Kuschligkeit zurückfinden. Schließlich gibt es sogar einen Notdienst für die eiligsten Behandlungen.

Adresse Bambolatorio: via San Biagio dei Librai 46 (im Gebäude), 80138 Neapel; Werkstatt unter Hausnummer 81, Tel. 081/203067, 393/4847244, www.ospedaledellebambole.it | **ÖPNV** Piazza Nicola Amore (Bus R2) | **Öffnungszeiten** Mo–Fr 10–16.30 Uhr, Sa 10–15 Uhr | **Tipp** Entlang der Via dei Tribunali, an der Piazza dei Girolamini, gibt es einen weiteren Ort, wo man Puppen und Antiquitäten aller Art finden kann. Der Trödelladen ist ein wenig abgehalftert und ganz anders geartet als die Puppenklinik, aber Ort und Eigentümer lohnen einen Besuch. Agostino 'o pazzo, rigattiere (Tel. 347/4979958).

83_Die Rua Catalana

Die Straße der Schmiede

Sie ist ein wenig abgeschieden, abseits des Lärms der nahen Verkehrsadern Via Depretis, Via Medina und Via Guglielmo Sanfelice. Die Rua Catalana verdankt ihren Namen der Herkunft der vielen Kunsthandwerker, die hier in der Anjou-Epoche ansässig waren. Damals ging diese Straße direkt zum Hafen hinaus, war belebt und geschäftig, gesäumt mit Läden von Altwarenhändlern und Werkstätten, die Korken, Tauwerk, Gebrauchsgegenstände aus Kupfer, aber auch Schuhe und Hüte fertigten. Der Legende nach soll hier die Pizza im 15. Jahrhundert erfunden worden sein.

Heute geht es hier bedeutend beschaulicher zu. Es sind vor allem Schmiede, die sich in den letzten Jahren auf das Kunsthandwerk spezialisiert haben. Dies ist dem Künstler und Architekten Riccardo Dalisi zu verdanken, einem in Neapel sesshaft gewordenen Lukaner, der in den 1970er Jahren Kupfer- und Blechschmiede der Rua Catalana aufsuchte und verschiedene Objekte kreierte. Darunter auch einige neue Fassungen der neapolitanischen *caffettiera*, die er dank der Erfahrung und Mitarbeit lokaler Handwerker in phantasievolle, dabei immer funktionelle Formen kleidete. Mit seinen Skulpturen aus Blech, Kupfer, Eisen und Messing und anderen Metallen, die ihn auf der Welt bekannt gemacht haben, hat Dalisi auch dieser Straße und ihren geschickten Handwerkern ein neues Leben geschenkt.

Die erste Ausstellung in der Rua Catalana von Werken Dalisis, die von heimischen Schmieden gearbeitet worden waren, fand 1997 statt und stellte die fruchtbare Erfahrung einer geteilten Werkstatt dar. Sie wurde Napolino genannt, vom Namen einer der Funzeln, die an Straßen aufgestellt waren, um sie zu verzieren und zu beleuchten. Diese Initiative wurde von der Europäischen Union ausgezeichnet und schmückt heute noch diese Straße. Mit der Zeit sind weitere Arbeiten dazugekommen und machen aus ihr ein kleines Freilichtmuseum.

Adresse Rua Catalana, 80133 Napoli | ÖPNV Università oder Toledo (Metro 1); Bovio (Bus R2), Diaz (Bus C25) | Öffnungszeiten immer geöffnet, die Ateliers nur zu normalen Geschäftszeiten | Tipp Der Schmiede-Künstler Mimmo Moxedano der Rua Catalana hat zusammen mit dem Geigenbauer Antonio Sanna eine Nachbildung aus Walzblech der berühmten Gitarre Paradis des Musikers Pino Daniele geschaffen. Sie liegt in Via Santa Maria la Nova an der Kreuzung mit der Gasse, die eben den Namen des bekannten, 2015 verschiedenen neapolitanischen Liedermachers trägt.

84 San Gregorio Armeno

Das Kloster und die Kirche

Dieser Ort ist ein kostbarer Schrein der Kunst und Geschichte, und das an der wohl gedrängtesten Straße der Stadt, denn die Via San Gregorio Armeno, die Straße der Krippen, zieht Besucher aus aller Welt zu Tausenden an. Aber da sich alle im Bann der miniaturisierten Schäfer- und Heiligenfigürchen befinden, betreten nur wenige Touristen das Kloster, was sehr schade ist, denn es ist einer der absoluten Höhepunkte Neapels.

Das große Kloster lässt den Betrachter aufgrund der Ähnlichkeit zum nahe gelegenen Konvent San Marcellino e Festo staunen: Von allen vier Seiten durch hohe Bogengänge eingefasst, befindet sich auch hier ein lauschiger Garten mit einem Marmorbrunnen aus dem 17. Jahrhundert in der Mitte. Apotheke und Refektorium zieren Werke von Stendardo und Lazzari sowie Künstlern der Schule des Solimena. Kostbar auch die Fußböden und Ornamente der Kapellen, in denen der ursprüngliche Kirchenbau durchscheint. Eine weitere Kapelle beherbergt die Reliquien von San Gregorio, der Santa Patrizia und vieler anderer Heiligen und Seligen.

Im Kloster wird auch ein wertvolles Archiv von Manuskripten aufbewahrt, von denen viele auf das 16. Jahrhundert zurückgehen. Sehr bedeutend ist die musikalische Sammlung mit unzähligen Kompositionen und Gesängen aus dem 17. Jahrhundert.

Die Fülle an Intarsien, Gold und Skulpturen, die jeden Quadratzentimeter, vom Boden über die Brüstungen bis zu den Decken, zieren, ist schwindelerregend. Die Neapolitaner sind dieser Kirche sehr verbunden, weil sie in einer Kapelle auf der rechten Seite das Grab der Heiligen Patrizia birgt. Die fromme Frau wird hochverehrt, denn es heißt, ihr Körper schwitze Manna.

In dieser Kirche befinden sich daneben noch das Blut von San Lorenzo und das von Johannes dem Täufer, die laut den Gläubigen wie das vom berühmteren Schutzpatron San Gennaro ebenfalls flüssig werden.

Adresse Piazzetta San Gregorio Armeno 1, 80138 Napoli, Tel. 081/5520186 | ÖPNV Duomo/Tribunali (Buslinien E 1, E 2) | Öffnungszeiten So–Fr 9–13 Uhr; üblicherweise organisiert der Verein Respiriamo Arte am Samstag geführte Besichtigungen (Tel. 331/4209045) | Tipp Der Glockenturm des Klosters aus dem 16. Jahrhundert ist sehenswert und befindet sich in unmittelbarer Nähe der Krippenstraße, kann also von außen bewundert werden.

85_San Pietro a Majella

Tempel der Musik

Dieser ehemalige Konvent mitten in der Altstadt bewahrt einen echten Tempel der Musik: das Konservatorium San Pietro a Majella. Es ging als Real Collegio di Musica 1808 aus der Vereinigung vier bestehender Institute hervor, die alle im 16. Jahrhundert als Waisenhäuser gegründet wurden, in denen man neben dem Katechismus auch Gesang unterrichtete. Fast 20 Jahre lang befand sich der Sitz im Kloster San Sebastiano, bis das Konservatorium schließlich auf Geheiß von Francesco I. in den Konvent San Pietro a Majella umzog.

Im Laufe zweier Jahrhunderte schmückte sich der Klosterkomplex so mit Musikerbüsten und -porträts, die im angrenzenden Museum zusammen mit einer großen Musikinstrumentensammlung zu sehen sind. Die Bibliothek bewahrt Partituren, Briefe und Zeugnisse der vielen Künstler auf, die hier studiert haben. Ein Besuch offenbart Klaviere von Paisiello und Domenico Cimarosa, ein Abdruck der Hand von Giuseppe Verdi, die Lesebrille von Pacini und vieles mehr. Dazu natürlich die Autografen: Bellini, Donizetti, Rossini, Pergolesi und Scarlatti, um nur einige zu nennen.

Das Konservatorium von Neapel hat Talente vom Schlage eines Roberto De Simone, Francesco Cilea und Saverio Mercadante (die auch Dirigenten waren) sowie Vincenzo Bellini und Ruggero Leoncavallo, Riccardo Muti, Salvatore Accardo, Renato Carosone, Nunzio Gallo und viele zeitgenössische Musiker, darunter Enzo Avitabile und Daniele Sepe, hervorgebracht.

Im Lehrangebot finden sich heute viele Kurse, von den klassischen für Mandoline, Operngesang, Violine und Cembalo zu modernen wie Jazz, experimentelle Komposition und elektronische Musik. Von den Tischen an der Piazza Bellini und Via San Pietro a Majella oder noch besser vom Kreuzgang des ehemaligen Klosters vernimmt man den Klang vieler Instrumente, die aus den großen Fenstern des Konservatoriums hallen. Hier entsteht noch heute die neapolitanische Musik.

Adresse Via San Pietro a Majella 35, 80138 Napoli, Tel. 081/5644411, www.sanpietroamajella.it | **ÖPNV** Dante (Metro 1) | **Öffnungszeiten** Bibliothek: Mo–Do 9.30–13.30 Uhr, info@sanpietroamajella.it | **Tipp** Dem Konservatorium genau gegenüber liegt unter Hausnummer 5 Simeoli (www.musicasimeoli.com), das Paradies bibliophiler Musiker. Hier gibt es Partituren, Texte, Biografien und generell jede Art Publikation zum Thema Musik.

86 Santa Chiara

Das Sakrarium der Anjou

Wenn Sie gerade die nahe Kirche Gesù Nuovo (siehe Ort 43) besucht haben, vermittelt Ihnen Santa Chiara den Eindruck von Raum, Tiefe und luftiger Nüchternheit. Die spartanische Einrichtung ist zusammen mit den schlanken Rundbögen, den sichtbaren hölzernen Dachträgern, der großen Rosette, die Licht in das Hauptschiff wirft, unfehlbar Kennzeichen für die Gotik, in der diese Kirche 1310 gebaut wurde.

Als Teil eines Klarissenklosters wurde die Basilika von Robert von Anjou und seiner zweiten Ehefrau Sancia di Mallorca als königliches Pantheon konzipiert. Im Stil zeugt sie vom Pauperismus der Anjou, allerdings erfreute sich der Neubau anfangs nicht allzu breiter Zustimmung, wurde er doch mit einem Stall verglichen. Im 18. Jahrhundert wurde das Gotteshaus vollständig von Vaccaro überarbeitet, der ihm mit dem typischen Stuck und Ziermotiven der Zeit ein barockes Aussehen verlieh.

Im Zweiten Weltkrieg verursachte eine Bombe einen großen Brand, der die Kirche verwüstete und viele ihrer Fresken und Skulpturen im Inneren zerstörte. Die nachfolgenden Restaurierungsarbeiten legten so den ursprünglichen gotischen Stil wieder frei und schufen eine Bühne für die Werke, die aus dieser Kirche ein veritables Museum machen. Zu den bedeutsamsten zählt das Grabmal von Robert von Anjou, das riesenhaft am Ende des Hauptschiffs thront. Zur Mitte des 14. Jahrhunderts von den Bildhauern Bernini angelegt, ist es das größte mittelalterliche Grabmonument Italiens. Aber auch andere Grabstätten befinden sich hier, etwa die von Maria von Kalabrien, Herzog Karl von Kalabrien und Maria di Valois. Letztere tragen die Handschrift von Tino di Camaino.

In der Hauptreisezeit kann die Kirche sehr voll sein, hat man aber das Glück, zur Nebensaison oder früh am Morgen nach Öffnung hier zu sein, findet man eine Oase, die Kühle spendet und Erhabenheit ausstrahlt. Ein Sprung in Raum und Zeit.

Adresse Via di Santa Chiara 49/c, 80134 Napoli, Tel. 081/5526371 | ÖPNV Dante, Toledo oder Università (Metro 1); Piazza del Gesù (Bus E 1) | Öffnungszeiten täglich 7.30–13 und 16.30–20 Uhr, So ab 9.30 Uhr | Tipp Durchläuft man die Sakristei, gelangt man zum Chor der Nonnen, einer eigenständigen, dreischiffigen Kirche mit Fresken von Giotto. Der linken Seite der Kirche folgend, kommt man zum Kloster mit Kreuzgang.

87_Santi Filippo e Giacomo

Die Kirche der Seide

Die Seidenspinnereien von San Leucio bei Caserta sind jedem in Neapel ein Begriff. Sie wurden Ende des 18. Jahrhunderts vom Bourbonen Ferdinand IV. angelegt, dem ein neuartiges Modell der Idealstadt vorschwebte. Diese Seide war weltberühmt und zierte bedeutende Paläste, vom Vatikan über den Quirinalspalast bis zum Weißen Haus in Washington. Wenige aber wissen, dass die Tradition der Seidenherstellung knapp zwei Jahrhunderte zuvor in Neapel aufkam. Denn hier wurde das Konsulat der Seidenkunst eingerichtet, eine Zunft von Seidenfabrikanten, die schnell mächtig wurde, sodass sie gar den Bau des Klosterkomplexes der Heiligen Filippo und Giacomo an der heutigen Via San Biagio dei Librai finanzierte.

Dank der auf den Seidenhandel verhängten Zölle wuchs die Macht der Zunft und mit ihr die Förderung gemeinnütziger Werke innerhalb der Zunftmitglieder wie die finanzielle Unterstützung bedürftiger Handwerker, die Bestattung Verstorbener und die Auszahlung von Mitgiften für die Töchter weniger wohlhabender Seidenhersteller. 1582 wurde außerdem ein Konservatorium für Waisenmädchen aus Seidenhersteller-Haushalten eingerichtet. Die sogenannten *figlole della seta* wurden dort nach den Regeln der Zeit erzogen, um dann einen Ehemann zu finden.

Heute, nach langen Jahren der Schließung, kann die Kirche wieder im Rahmen einer sehr instruktiven Führung besichtigt werden, auf der man die faszinierende(n) Geschichte(n) der neapolitanischen Seide kennenlernt.

In der Sakristei wird der alte hölzerne Hauptaltar aus dem 18. Jahrhundert aufbewahrt: Er ist schlecht erhalten, vermittelt jedoch einen Eindruck vom Wohlstand der Zunft. Auch die Krypta wird besucht, wo einige der »Seidenmädchen« bestattet sind. Über eine Treppe gelangt man zum Rest einer gepflasterten Straße aus römischer Zeit, einem weiteren Höhepunkt an diesem recht unbekannten Ort der Stadt.

Adresse Via San Biagio dei Librai 118, 80138 Napoli | **ÖPNV** Duomo/San Biagio dei Librai (Buslinien E1, E2) | **Öffnungszeiten** Der Verein Respiriamo Arte bietet geführte Besichtigungen an, Mo–Sa 10–19 Uhr. Zu bestimmten Anlässen gibt es auch Besichtigungen am Abend. Infos unter Tel. 331/4209045, respiriamoarte@gmail.com. | **Tipp** Genau neben der Kirche sticht die herrliche Bossenwerk-Fassade des Palazzo Diomede Carafa aus dem 15. Jahrhundert heraus.

88 Santi Severino e Sossio

Ein künstlerisches Modell für die Stadt

Unscheinbare Orte verbergen Schätze. Schlägt man von der Via San Biagio dei Librai den engen Vicolo San Severino ein, gelangt man rasch zum Largo San Marcellino, an dem das gleichnamige Kloster liegt, das heute Sitz des Paläontologischen Museums der Universität Federico II ist. Ebenfalls an diesem Platz steht eine kaum besuchte Kirche, die nach dem Erdbeben 1980 lange geschlossen blieb. Es handelt sich um die Kirche Santi Severino e Sossio, die Teil einer großen, von den Benediktinern im zehnten Jahrhundert gegründeten Klosteranlage ist. Diese brachten die Reste des Heiligen Severino und später die des Heiligen Sossio mit, die zusammen mit dem Heiligen Januarius den Märtyrertod starben.

Das Kloster gehört zu den größten der Stadt und besitzt gut drei Kreuzgänge. Nach der Legende soll in einem von diesen eine große Platane vom Heiligen Benedikt persönlich gepflanzt worden sein. Dieser uralte, mittlerweile von Termiten zerfressene Baum wurde aber wohl Ende der 1950er Jahre abgehauen und durch einen jüngeren ersetzt.

Die Kirche geht auf das ausgehende 15. Jahrhundert zurück, hat viele Umbauten im 18. Jahrhundert erfahren und besticht durch ihre Größe und den Reichtum der Verzierungen. Der kostbare hölzerne Chor aus dem 16. Jahrhundert diente als Modell für die Ornamentik vieler späterer Kirchen Neapels. Das rechte Querschiff bewahrt die wunderbare Kapelle Sanseverino (1539–1545), ein kleines Pantheon dieser bedeutenden Familie Neapels. Drei auf den Grabstätten sitzende Figuren fallen ins Auge: Es sind die drei Geschwister Sanseverino, die in Verbindung wegen eines Erbstreits vergiftet wurden. Ihre Mutter wollte sie so dargestellt wissen, und bei ihrem Tod ließ sie sich ebenfalls hier bestatten; ihre Figur befindet sich hinter dem Altar. Auch die Unterkirche aus der Renaissancezeit mit verschiedenen meisterhaften Skulpturen lohnt einen Besuch.

Adresse Via Bartolomeo Capasso 2, 80138 Napoli | ÖPNV Università (Metro 1; Bus R2 und alle, die den Corso Umberto I. entlangfahren) | Öffnungszeiten Die Kirche kann zu einigen Anlässen im Rahmen der Initiative »Aperti per voi« des Touring Club Italiano besichtigt werden. | Tipp Das Kloster beherbergt das Staatsarchiv (Piazzetta del Grande Archivio 5, Tel. 081/5638111, www.archiviodistatonapoli.it), eines der weltweit größten mit riesiger Bibliothek.

89 Der Schatz des San Gennaro

Gold, Blut und Wunder

Man sagt, er sei wertvoller als die britischen Kronjuwelen. Der Schatz von San Gennaro ist eine unglaubliche Sammlung von Kunstwerken, die ab dem 17. Jahrhundert zusammengetragen wurden: Gemälde und Skulpturen, Schmuck der neapolitanischen Schule, als Reliquiare genutzte Statuen und Büsten aus Silber, Objekte jeder Art aus kostbaren Metallen und Steinen. Einzelne Stücke wie die Halskette von San Gennaro aus dem 17. Jahrhundert, mit Saphir- und Smaragdkreuzen behängte Kettenpanzer aus Massivgold oder die Mitra aus vergoldetem Silber mit ihrem Glanz aus über 3.000 Rubinen, Brillanten und Smaragden sind von einer solchen Pracht, dass man sich die Augen reibt. Höhepunkt des Ganzen sind der Mantel und der Kelch von San Gennaro, die als Meisterwerke der italienischen Goldschmiedekunst des 18. Jahrhunderts gelten.

Der überwiegende Teil der Sammlung ist aus Schenkungen hervorgegangen, die die volkstümliche Frömmigkeit und die Macht der Kirche im Laufe der Jahrhunderte in einer Stadt belegen, in der sich Glaube und Aberglauben immer schon gekreuzt haben.

Natürlich findet sich in ihr auch das Fläschchen mit dem berühmten »Blut des San Gennaro«, das unmittelbar nach dem Martyrium des Heiligen am 19. September 305 gesammelt wurde. Ob es sich nun um echtes Blut handelt, sei dahingestellt. Fakt ist, dass am 19. September alle Augen der Stadt auf diese Ampulle gerichtet sind, wenn sie in Erwartung der Verflüssigung geschüttelt wird. Dieser Brauch stammt aus dem 14. Jahrhundert und nimmt *anema e core* der Neapolitaner ein. Die ausbleibende Verflüssigung verheißt Unglück, was die beeindruckende Dramatik des Ereignisses erklärt, die in Jubel übergeht, wenn das Wunder eingetreten ist. San Gennaro ist ein Intimus aller Neapolitaner, ein fester Bestandteil der Tradition Neapels, der bei jeder Gelegenheit angerufen wird.

Adresse Via Duomo 149, 80138 Napoli, Tel. 081/294980, www.museosangennaro.it | **ÖPNV** Museo (Metro 1), Cavour (Metro 2) | **Öffnungszeiten** Museum des Schatzes: täglich 9–17 Uhr | **Tipp** Am Eingang der Via Vicaria Vecchia (Forcella) kann man gute Fischgerichte der neapolitanischen Tradition in der Antica Osteria Pisano speisen (Piazza Crocelle Mannesi 1, Tel. 081/5548325).

90_Die Schirme des Mario Talarico

Eine seit Generationen gepflegte Kunst

Der Laden unter der Hausnummer 329 der zentralen Via Toledo bietet nur das auffällige Schaufenster einer uralten Tradition. Um diese zu entdecken, muss man in die kleine Seitengasse, Vico Due Porte a Toledo, einbiegen und diese einige Meter hochlaufen: Hier in einer winzigen Werkstatt entstehen echte Kunstwerke der neapolitanischen Schirmherstellung. Der Handwerker Mario Talarico lernte das Handwerk von seinen Eltern, die das Geschäft 1860 gegründet haben und aufgrund ihrer Fertigkeit bald so berühmt wurden, dass sie zum offiziellen Hoflieferanten des bourbonischen Königshauses berufen wurden.

Noch heute werden die Schirme mit kostbaren Hölzern und Stoffen gefertigt und mit Einsätzen aus Horn, Elfenbein, Silber und anderen edlen Materialien verfeinert. Die Güte dieser Erzeugnisse wird durch die breite Palette an Kunden belegt, die aus der ganzen Welt spezielle oder personalisierte Exemplare bestellen. Aber Mario Talarico eifert nicht dem Ruhm nach: Wie er da gekrümmt an seinem Arbeitstisch sitzt und unermüdlich den ganzen Tag mit den Werkzeugen und den Materialien arbeitet, hat er es sein ganzes langes Leben gemacht. Und genau wie seine Ahnen erfindet er Schirme in immer neuen Formen und Mechanismen. Heute arbeitet sein Enkel Mario Talarico Junior an seiner Seite, der diese altehrwürdige Kunst in die Moderne führt, in der billige Massenfertigung von Schirmen die Regel ist.

Es gibt kaum eine Persönlichkeit aus der Welt des Theaters, der Kunst oder Politik, die die Schwelle dieser Werkstatt nicht wenigstens einmal überschritten hat. Ein Wald von Schirmen aller Art, von edlen bis zu eher schlichten, wächst hier, dazu prangen Diplome, Auszeichnungen, Andenken und Erinnerungsfotos an den Wänden – von Leuten, die Neapel nicht verlassen konnten, ohne hier einen personalisierten Schirm zu bestellen, und sich natürlich zusammen mit dem wahren Star ablichten ließen – dem großen Mario Talarico.

Adresse Vico Due Porte a Toledo 4/b, 80134 Napoli, Tel. 081/407723, www.mariotalarico.it | **ÖPNV** Toledo (Metro 1) | **Öffnungszeiten** Mo–Sa 8–20 Uhr, So geschlossen | **Tipp** Unweit von hier, am Vico Lungo Gelso 97/99, befindet sich eine Institution für süßes und rustikales Gebäck, die Pasticceria Ranaldi (Tel. 081/400773, www.pasticceriaranaldi.it). Unbedingt ausprobieren.

91_Die Seelen des Fegefeuers

Wo sich Lebende und Tote begegnen

Anime pezzentelle. So nennt man in Neapel die Seelen, die allein und verlassen starben. Einige von ihnen hatten, wenn man so will, mehr Glück als andere, denn jemand nahm sich der Pflege einer *capuzzella* an, also des Schädels, wienert ihn regelmäßig blitzblank und bringt ihm Blumen und andere Gaben. Im Gegenzug erhofft sich die Person natürlich Gunst und Beistand aus dem Jenseits.

Was auf dem Friedhof der Fontanelle geschah, gibt es auch mitten in der Altstadt von Neapel, wo der uralte Kult der Toten noch lebendig ist und praktiziert wird. Schauplatz ist eine kleine Kirche an der Via dei Tribunali, die durch ihre vier Pfeiler aus vulkanischem Piperno-Gestein heraussticht, auf der ebenso viele Schädel und gekreuzte Knochen aus Bronze thronen. Die Schädel glänzen von all den Händen der Besucher, die sie berührt haben, um sich die Seelen der Verstorbenen gewogen zu halten.

Die Kirche von Santa Maria delle Anime del Purgatorio ad Arco besitzt für die Neapolitaner einen hohen Stellenwert. Während ihre obere Etage für das Leben steht, führt eine Treppe hinunter zur Welt der Verstorbenen.

Überall prangen gekreuzte Knochen und Schädel, sodass der Ort im Volksmund auch 'a chiesa d''e cape 'e morte, die Kirche der Totenschädel, genannt wird. Bemerkenswert der geflügelte Schädel aus Marmor hinter dem Hauptaltar, ein Werk von Dionisio Lazzari. Die gesamte Architektur der Kirche wurde dagegen von Giovan Cola di Franco 1616 entworfen.

Heute ist die Kirche, die 1980 ein Erdbeben beschädigte, ein echter Museumskomplex. Der Zugang zur Kirche ist frei, das Untergeschoss kann im Rahmen einer interessanten halbstündigen Führung besichtigt werden, bei der Geschichten und Anekdoten des Todeskultes erzählt werden. Und Sie können die berühmte Lucia von Nahem sehen, ein weiblicher Schädel mit Hochzeitsschleier. Sie ist die beliebteste *capuzzella* der Neapolitaner.

Adresse Via dei Tribunali 39, 80138 Napoli, www.purgatorioadarco.it | **ÖPNV** Dante (Metro 1); Duomo/Tribunali (Buslinien E 1, E 2) | **Öffnungszeiten** täglich 10–14 Uhr, Sa bis 17 Uhr, während der Messe keine Besichtigungen erlaubt, Infos zu Führungen unter Tel. 081/440438, info@purgatorioadarco.it | **Tipp** Ein ähnlicher Ort ist die Krypta der Kirche San Pietro ad Aram am Corso Umberto I, auch bekannt als Rettifilo (Gerade). Der Zugang befindet sich in Via Santa Candida 4.

92__Sorbillo

Pizzabäcker dicht an dicht

Eins ist klar: Die Pizza von Neapel ist die beste der Welt. Ob man sie nun mit mehr oder weniger Hefe im Teig, gut durch, mit frischen Tomaten oder einer gewissen Dosis Basilikum oder anderen Beilagen bevorzugt. Die Neapolitaner sind verrückt nach Pizza, die sie mit Fug und Recht zu den Meisterwerken ihrer Stadt zählen.

Auch aus diesem Grund ist es gar nicht zu entscheiden, welche die beste Pizzeria Neapels ist. Aber es gibt einen Namen, den alle sofort mit Pizza verbinden: Sorbillo, eine Familie von Pizzabäckern, die mittlerweile seit drei Generationen tätig ist und deren Urahnen Luigi und Carolina bereits in den 1930er Jahren einen Ofen in der Via dei Tribunali betrieben.

Hier kam der gesamte Süden Italiens vorbei, um die Kunst des Teigs und des Backens zu lernen. Das Ehepaar Sorbillo hatte sage und schreibe 21 Kinder, alle Pizzabäcker! Viele von ihnen wanderten ins Ausland ab und trugen so zur weltweiten Verbreitung der Pizza bei.

Heute gibt es auf der Via dei Tribunali drei Pizzerien, die auf dieselbe Familie zurückgehen: Unter Hausnummer 32 hat der junge Gino Sorbillo die Tradition fortgeführt und seinen Namen mit einer Pizza höchster Güte verbunden, wie die vielen Menschen, die jeden Tag, zu Mittag und Abend, hier anstehen, beweisen. Gino ist Sohn von Salvatore, dem 19. Sohn von Luigi und Carolina. Er hat das Geschäftsmodell erneuert und mehrere Filialen in der Stadt (sowie in Mailand) aufgemacht. Vor Kurzem hat er beschlossen, einen weiteren geliebten Namen der Neapolitaner wieder zu beleben: Die Pizzeria von Esterina (seiner Tante) Sorbillo steht an dem Ort, wo der erste Ofen der Familie stand, nämlich in Via dei Tribunali 35. Unter Nummer 38 lädt die neue Pizzeria von Antonio und Gigi Sorbillo zu weiteren Genüssen ein. So ist es ganz gleich, in welche Pizzeria man eintritt, man wird nie enttäuscht.

Adresse Via dei Tribunali 32 bis 38, 80138 Napoli, www.sorbillo.it | ÖPNV Cavour (Metro 2); Duomo / Tribunali (Buslinien E 1, E 2) | Öffnungszeiten Mo – Sa 12 – 15.30 und 19 – 24 Uhr, So geschlossen | Tipp Inmitten der drei Pizzerien hat eine echte Institution bis heute überlebt: Es handelt sich um die sogenannte Banca dell'Acqua oder Acquafrescaio, ein Kiosk, der Getränke unter Hausnummer 36 verkauft.

93 Spaccanapoli

Eine gerade Linie, die Neapel zerteilt

Sie teilt die Stadt in zwei Hälften und verläuft entlang der Linie des antiken *decumanus inferior*, der auf dem ursprünglichen griechischen Grundriss basierend von Nordosten nach Südwesten führt. In über zwei Jahrtausenden hat sich ihr Verlauf nie verändert.

Ihr Beiname Spaccanapoli (wörtlich übersetzt: »Die Spalterin Neapels«) ist eloquent und gebräuchlich, aber eigentlich markiert sie eine Abfolge von Straßen: Sie beginnt an der Piazza Garibaldi, in der Gegend der Forcella folgen Via Tupputi, Via Giudecca Vecchia und Via Vicaria Vecchia aufeinander. Jenseits des Doms nimmt die Straße den Namen San Biagio dei Librai an, kreuzt die San Gregorio Armeno und findet ihre Verlängerung in der Via Figurari (einer der Knotenpunkte Neapels), quert den Largo Corpo di Napoli und die Piazzetta Nilo bis zur Piazza San Domenico Maggiore, wo sie sich in Via Benedetto Croce umbenennt. Nach der Piazza del Gesù heißt sie Domenico Capitelli, im kurzen Abschnitt am Palazzo Carafa di Maddaloni dagegen Via Maddalena. Über die Via Toledo hinaus wird sie zur Via Pasquale Scura und steigt steil zum Vomero-Hügel hinauf. Dieser letzte Teil ist Ergebnis einer städtebaulichen Neuordnung durch den Vizekönig Don Pedro de Toledo zur Verbindung der Unter- mit der Oberstadt.

An der Spaccanapoli konzentriert sich eine beeindruckende Anzahl bedeutender Gebäude. Sie ist ein Schmelztiegel aus Klängen, Farben, Traditionen, Läden und Lokalen, wo es nie an Gelegenheiten fehlt, einzukehren oder merkwürdige Einkäufe zu tätigen.

Vor allem sollten Sie in der San Biago dei Librai verweilen, dem zentralsten und belebtesten Teil. Schön ist auch ein Spaziergang auf der Hügelstraße Pasquale Scura: Wendet man sich um, hat man die ganze Straße unter sich, wie in einer romantischen Postkarte.

In dieser Gegend, wie auch in der Forcella, sollte man sich aber tagsüber aufhalten und allzu dunkle oder abgelegene Ecken vermeiden.

Adresse zwischen Via Vicaria Vecchia und Via Pasquale Scura Napoli | ÖPNV Garibaldi (Metrolinien 1 und 2), Dante (Metro 1) | Öffnungszeiten Auf dieser Straße herrscht Tag und Nacht Gewimmel, aber generell ist sie zu den Ladenöffnungszeiten (10–20 Uhr) bis zur Schließung der Lokale um Mitternacht am geschäftigsten. | Tipp Der beste Beobachtungspunkt der Spaccanapoli ist Largo San Martino, der Platz vor der Kartause und dem Castel Sant'Elmo: Hier hat man die ganze Stadt im Blick, und es ist sofort einleuchtend, woher die Straße ihren Namen hat.

94_Der Spazio Nea

Kunst, Kultur und guter Tee

Nach einem langen Tag beim Flanieren durch die Stadt ist es schön, sich etwas Entspannung zu gönnen. An der Ecke Piazza Bellini und Via Costantinopoli bietet sich dafür dieser neue Ort an. Eine Gruppe Neapolitaner wollte hier der zeitgenössischen Kunst einen Raum schaffen, keine bloße Galerie, sondern einen anregenden Treffpunkt, wo man bei Kaffee oder Tee und Gebäck und im Beisein eines guten Buches abschalten und Anregungen finden kann.

In der Galerie sind bekannte Künstler zu finden, aber auch neue Talente werden zutage gefördert. Zum Projekt gehört auch ein kleiner Verlag für Sachbücher und Belletristik. Er heißt Iemme edizioni und kann bereits ein prall gefülltes Sortiment vorweisen.

Der Terminkalender hat es in sich: Neben Malerei, Skulptur und Fotografie gibt es Theaterperformances, Kurse und Workshops für Kinder sowie Veranstaltungen für kreatives Schreiben, Lesungen und Buchvorstellungen. Dazu gibt es oft Film- und Fotovorführungen, Gespräche zur modernen Architektur und zur Arbeit junger Designer. Aber auch unorthodoxe interdisziplinäre Vermischungen sind hier zu Hause, wie die Veranstaltung »Vino e vinile«, die die Passion für Wein mit der für Schallplatten mixt.

Im Winter finden im Lokal Livemusikabende statt, die in der schönen Jahreszeit (und die ist lang) zum Open Air werden. Jazzmusiker und junge Liedermacher, nicht nur aus Neapel, finden hier ihre Bühne.

Der Außenbereich, der von der eleganten Freitreppe des Palazzo Conca eingerahmt wird, ist sehr malerisch. Denn der Spazio Nea liegt im Erdgeschoss der großen ehemaligen Klosteranlage Sant'Antoniello a Port'Alba aus dem 16. Jahrhundert.

Ein Ort also, den man nicht nur für kulturelle Abende aufsuchen kann, sondern auch, um in diesem eleganten Teil der Stadt schöne Mußestunden zu verbringen. Vielleicht zum Sonnenuntergang, wenn sich die Lichter der Piazza zauberhaft ausnehmen.

Adresse Piazza Bellini 59, Via Costantinopoli 53, 80138 Napoli, Tel. 081/451358, www.spazionea.it | **ÖPNV** Dante oder Museo (Metro 1), Cavour (Metro 1) | **Öffnungszeiten** täglich 9–2 Uhr | **Tipp** Im Palazzo Conca kann man den mit Fresken geschmückten Wandelgang bewundern. Fragen Sie dafür in der ersten Etage, in der Portiersloge der humanistischen Universitätsbibliothek, nach (BRAU, Tel. 081/2533948).

95 Die Stadtmauern von Neapolis

Ein Fragment der antiken Griechenstadt

An der von Gebäuden umstellten und von Baumkronen beschatteten zentralen Piazza Bellini ist die Szene Neapels zu Hause. Hier empfangen Bars und literarische Cafés jeden Abend Hunderte junger Leute. Aber hier findet sich auch eines der wichtigsten historischen Zeugnisse der Stadt: Im Südteil des Platzes ragt ein Rest antiker Stadtmauern des griechischen Neapolis in die Höhe.

Die Mauerreste wurden zufällig 1954 gefunden und stammen aus einem Zeitraum zwischen dem fünften und vierten Jahrhundert v. Chr., also drei Jahrhunderte nach der Gründung der Stadt durch Siedler aus Kyme. Sie liegen einige Meter unter dem aktuellen Bodenniveau, können aber bequem über ein Metallgeländer begutachtet werden. Der Bautyp legt nahe, dass dieser Mauerabschnitt einen Turm aufwies und vermutlich nicht weit von einem Stadttor entfernt lag. Auf den großen Tuffquadern sind noch die Inschriften ablesbar, auf denen ihr Steinbruch, nämlich Neapel selbst, aufgeführt ist. Insbesondere die Quader der Piazza Bellini scheinen von einer Höhle in der Gegend von Poggioreale zu stammen. In der Magna Graecia war die Stadt Neapolis sehr bedeutend, wie man schon am Umfang der Stadtmauern erkennt, die als doppelte Ringmauer angelegt war und ihr in Kombination mit der Beschaffenheit der Umgebung den Ruf, uneinnehmbar zu sein, eingebracht hat. Allerdings findet man solch beeindruckende und gut erhaltene Reste im übrigen Neapel nicht mehr.

Die Besichtigung dieser archäologischen Schätze ist daher lohnend und lässt sich hervorragend mit einem Aufenthalt in einem der Lokale auf der Piazza vereinbaren, von denen einige häufig Livemusik bieten. Nicht umsonst ist die Musik hier zu Hause, wie bereits der Name der Piazza selbst verrät, der dem Komponisten Vincenzo Bellini (1801–1835) gewidmet ist, der in Neapel lebte und im nahen Konservatorium San Pietro a Majella studierte.

Adresse Piazza Bellini, 80138 Napoli | ÖPNV Dante (Metro 1) | Öffnungszeiten immer zu besichtigen | Tipp Auf der gegenüberliegenden Seite des Platzes liegt das älteste vegan-vegetarische Restaurant der Stadt: Amico Bio Napoli – Un Sorriso Integrale in Via San Pietro a Maiella (Tel. 081/455026, www.sorrisointegrale.com).

96__Die Steinmetze

Die Kunst der Steine

Wie entstanden die wunderbaren Marmorskulpturen, die wir in Kirchen, Palästen und verwunschenen Gärten bewundern? Mit welchen Techniken arbeiteten Bildhauer und Steinmetze im 18. Jahrhundert? Die Antworten auf diese Fragen findet man in der Via Bisignano, zwischen der Via Filangieri und der Riviera di Chiaia nahe am Meer. Hier liegt eine der ausgezeichnetsten Kunsthandwerksstätten der Stadt, ein Ort, der direkt aus der Vergangenheit zu kommen scheint und ein kleines lebendes Museum der Bildhauerkunst darstellt.

Domenico Russo und seine Kinder sind Erben einer langen Tradition, die 1867 im Viertel Sanità begann und nach dem letzten Krieg hier ihr Zuhause gefunden hat. Seit vier Generationen ist die Technik der Skulpturenfertigung praktisch gleich geblieben. In ihrem Atelier arbeitet die Familie ohne automatische Maschinen und verwendet nur natürliche Klebstoffe wie Kolophonium. Der Marmor und anderes edles Gestein wird zunächst roh bearbeitet, dann mit Meißeln und anderen Werkzeugen bis auf die winzigsten dreidimensionalen Details von Basreliefs und Skulpturen feingeschliffen. Auf diese Weise verwandeln die Brüder Russo Marmor und anderes Gestein zu unzähligen Objekten in mannigfaltigen Formen und Größen mit der Faszinationskraft althergebrachter Techniken. Mit Basreliefs verzierte Tische, Kamine, Rahmen und Arbeitsflächen, aber auch erlesene Fußböden mit vielfarbigen Intarsien. Dazu sind Säulen, Kapitelle wie großformatige Skulpturen zu bewundern, die bald schöne Gärten, Weihwasserbecken und Altarbilder zieren werden. Die Arbeiten der Russo-Familie veredeln nicht nur viele moderne Wohnungen, sondern werden auch bei der Restaurierung von Kunstwerken in Kirchen und bedeutenden Monumenten eingesetzt.

Zeitungsartikel sowie Dankesschreiben von königlichen Familien, Antiquaren und berühmten Persönlichkeiten zeugen an den Wänden des Ateliers vom Ruf dieser Werkstätte.

Adresse Via Bisignano 51–53, 80121 Napoli, Tel. 081/7648387, 339/3728850, www.marmirussonapoli.it | ÖPNV Piazza Amedeo (Metro 2; Bus E 6) | Öffnungszeiten Mo–Sa 8.30–18.30 Uhr | Tipp Auf der Meerpromenade auf Höhe der Piazza Vittoria steht eine abgebrochene Säule, die den verschollenen Matrosen und den Opfern des Meeres gewidmet ist. Sie wurde im 17. Jahrhundert bei Ausgrabungen gefunden.

97 Die Stele von Forcella

Erinnerung an die Magna Graecia

Via Vicaria Vecchia, die Verlängerung der Via San Biagio dei Librai jenseits der breiten Via Duomo, markiert den Beginn des Arbeiterviertels, das man auch Forcella nennt. Marktstände, Mopeds und Fußgänger drängen sich in einem bunten Mix zusammen. Hier kann man jeden Tag neapolitanische Theatralik beobachten, und neomelodische Klänge der *canzoni* dringen aus geöffneten Fenstern mit dem Duft zum Trocknen aufgehängter Wäsche, die im Wind flattert.

Es ist ein Ort, den man gesehen haben muss, um das Lebensgefühl von Neapel zu spüren, das allmählich verschwindet. Das Viertel hat seine Probleme, aber gefährlich ist es nicht, besonders nichts tagsüber, wenn man seine Wertsachen nicht aufreizend mit sich herumträgt.

Der erste Abschnitt der Straße führt zu einer Gabelung, daher der Name, Via Forcella, welche rechts abzweigt. Rasch erreicht man von hier die Piazza Calenda, wo sich das Theater Trianon und die Pizzeria Trianon befinden, eine der besten der Stadt. Unweit der Pizzeria gibt es noch eine weitere, die man nicht vorstellen muss, weil sie in allen Reiseführern steht und sich schon von Weitem durch die lange Schlange zu jeder Tageszeit ankündigt: Da Michele.

In der Mitte der Piazza Calenda, geschützt und teilweise verdeckt von einem kreisförmigen Metallgitter, stehen Reste der antiken griechischen Stadtmauer, einige wenige Quader aus Tuffstein, die womöglich zu einem Stadttor des antiken Neapolis gehörten. Tag für Tag passieren Aberhunderte Menschen die Stätte, aber nur wenige beachten die antiken Stadtmauern, die vermutlich aus dem dritten Jahrhundert v. Chr. stammen – einer der kostbarsten und meistübersehenen Orte Neapels.

Die Anordnung der Tuffquader erinnert vage an eine Stele. Daher sagen Neapolitaner zu etwas sehr Altem gerne »S'arricorda 'u cipp' a Furcella«, also »alt wie die Stele von Forcella«.

Adresse Piazza Vincenzo Calenda, 80139 Napoli | **ÖPNV** Garibaldi (Metro 1; Buslinien R 2, E 2) | **Öffnungszeiten** immer zugänglich, im Zentrum des Platzes | **Tipp** Unter Hausnummer 23 der Via Vicaria Vecchia befindet sich die Piazza Forcella zum Gedächtnis an Annalisa Durante, ein Mädchen, das Opfer der Organisierten Kriminalität wurde. Hier werden oft interessante Veranstaltungen und Ausstellungen abgehalten.

98 Die Sternwarte von Capodimonte

Der Himmel in einer Kammer

Eine Sternwarte mitten in der Stadt? 1812, bei ihrer Einweihung, war Neapel noch nicht so ausgedehnt und die Luft sauberer als heute. Dennoch kommt ihr auch heute noch historische und wissenschaftliche Bedeutung zu. Zunächst deshalb, weil es die älteste Sternwarte Italiens ist, die im Laufe der Jahrzehnte ständig erneuert und mit moderner Technik bestückt wurde. Zur Bauzeit konnten die Astronomen, die in einer eigens eingerichteten Herberge untergebracht waren, die Kuppel über einen unterirdischen Tunnel erreichen. Heute wird die Sternwarte nur zu Forschungs- und Schulungszwecken genutzt, wo sie zu den aktivsten weltweit gehört. Aber ein Besuch lohnt sich nicht nur zum Beobachten von Gestirnen.

Im Vorraum gibt es an der Decke ein Werk des Astronomen Vincentino Reiner zu bestaunen, der den Sternenhimmel in der Nacht vom 6. Oktober 1604 in Glas verewigt hat, als die von Galileo Galilei studierte Supernova explodierte. Das Ganze ist eine echte Installation: In drei Minuten werden die neun Monate der Entwicklung der Supernova bis zum Verglühen zusammengefasst. Die Bibliothek mit ihren 40.000 Bänden, darunter 3.500 antiken Texten, ist ein Schrein der Kostbarkeiten. Von den zwei Ausgaben des Kopernikus, die hier aufbewahrt werden, wurde eine von Galileo glossiert. Im Studio des Direktors (auf Anfrage zu besichtigen) liegt eine der zwei Fassungen der berühmten »Carta del duca di Nola« mit einer Darstellung Neapels im Jahr 1775. Sechs der Bände stehen in digitalisierter Form zur Verfügung. Aber das Sahnestück der Einrichtung ist zweifelsohne das Museum der astronomischen Geräte. Hier sind verschiedene kostbare Kuriositäten als Originale oder in getreulichen Nachbildungen versammelt. So etwa der Urmeter, eine exakte Kopie des Pariser Originals, dazu die Originale einiger Uhren, die unentbehrlich waren, um der Stadt die genaue Uhrzeit anzuzeigen. Alle funktionieren noch perfekt.

Adresse Salita Moiariello 16, 80131 Napoli, Tel. 081/5575111, www.oacn.inaf.it | **ÖPNV** Capodimonte/Museo (Bus C 63) | **Öffnungszeiten** nach Vereinbarung auf der Webseite oder während der Sonderöffnungszeiten mit kostenloser Führung | **Tipp** Schaut man vom Garten in östliche Richtung, erkennt man den eigentümlichen Turm von Palasciano, Teil des Gebäudes, in dem der Arzt und Politiker Ferdinando Palasciano lebte, ein Vordenker des Roten Kreuzes.

99_Der Stuhl der Santarella

Stoßgebete für die Fruchtbarkeit

Neapel ist ein komplexes Mosaik heidnischer Bräuche, Aberglauben und religiöser Überzeugung. Der Volksglauben, der sich aus diesen verschiedenartigen Quellen speist, hat zu Gewohnheiten und Ritualen geführt, die es in keiner anderen Stadt gibt.

Der Vicolo Tre Re ist eine Seitenstraße der großen und zentralen Via Toledo. Hier sind wir mitten in den Quartieri Spagnoli und stoßen auf das Haus, in dem vor 300 Jahren Anna Maria Rosa Gallo lebte, eine fromme Frau, die 1715 zur Welt kam und ihr Leben der Bußfertigkeit geweiht hatte. Sie erhielt die Wundmale, wurde von verschiedenen Krankheiten geplagt, dazu fügte sie sich Schmerzen zu, um ihren Glauben an ihre religiöse Berufung zu prüfen. Sie ist als Heilige Maria Francesca der Fünf Plagen Jesu oder als Heilige der Stigmata bekannt, aber für die Neapolitaner ist sie einfach die Santarella.

Ihre Wohnung in der ersten Etage ist ein echtes Heiligtum, das zwar klein, aber dafür gut besucht ist. An manchen Tagen staut sich eine geduldig wartende Menschenmenge vor dem Eingang. Sehr viele Frauen, Männer oder Paare kommen aus ganz Neapel hierher, um die Gnade der Santarella zu erbitten. Dafür setzen sie sich auf den Stuhl, den die Heilige aufsuchte, wenn die körperlichen Schmerzen ihr zusetzten. Der Stuhl soll ein wundersames Heilmittel für zahlreiche Wehwehchen sein, vor allem für Probleme mit der Fruchtbarkeit oder schwierigen Schwangerschaften.

Die von Nonnen geleitete Wohnung ist voller Votivgaben, Fotos von Kindern, Schleifchen und Bändern. Manchmal trifft man auch auf Menschen, die von einer Infektion Heilung suchen oder gynäkologische oder sexuelle Probleme zu lösen suchen. Der Ruhm der Santarella ist längst über die Grenzen der Stadt hinausgegangen, und nicht selten sitzen auch Ausländer auf dem wunderwirkenden Stuhl. Natürlich werden auch Neugierige eingelassen, sofern sie Respekt vor den Gläubigen zeigen.

Adresse Vicolo Tre Re a Toledo 13, 80132 Napoli, Tel. 081/425011, www.santuariosantamariafrancesca.it | ÖPNV Toledo (Metro 1) | Öffnungszeiten Täglich 9.30–12 Uhr. Die Nonnen sind gerne bereit, Ihnen das Haus und den berühmten Stuhl zu zeigen. | Tipp In der Nähe gibt es ein gutes Lokal, wo Sie sich bei traditioneller Küche und guter Pizza stärken können: Da Peppino, Vico Lungo del Gelso 58 (Tel. 081/407649).

100_Die Taralli

'Nzogna e pepe

Wasser, Mehl und *'nzogna*, also Schmalz. Das sind die Grundzutaten für eine der leckersten Spezialitäten Neapels: die Taralli.

»Furtunato tenë 'a rrobba bellä! 'Nzogna 'nzó!« Dieser Ruf eines gewissen Fortunato, den alle Furtunato 'o tarallaro nannten, tönte in den 1970er und 80er Jahren durch die Altstadt Neapels und meldete allen, dass sie nun das Glück hatten, köstliche Taralli mit viel Schmalz zu erstehen. Ein bekanntes Lied des neapolitanischen Liedermachers Pino Daniele hat ihn verewigt.

Mit denselben wenigen Grundzutaten und Hinzugabe von Mandeln und Pfeffer werden heute die berühmten *taralli 'nzogna e pepe* gefertigt, die längst über die Grenzen der Stadt hinaus bekannt sind und auch andere Gegenden Italiens im Sturm erobert haben.

Die beliebtesten findet man beim Forno Leopoldo, dessen historisches Geschäft in der Via Foria genau gegenüber dem Botanischen Garten liegt. Die Bäckerei ist schlicht, ohne Schnickschnack oder glitzernde Schaufenster gehalten. Neben großen überquellenden Körben voller Taralli zieren Tabletts mit herzhaften Babà, Bignès, süßen Taralli, Mürbeteigkuchen, frittierten Zeppole mit Konditorcreme und andere Produkte die Regale, deren bloße Erwähnung das Wasser im Mund zusammenlaufen lässt.

Die erste Backstube befand sich bei den Treppen von Santa Barbara in der Altstadt. Großvater Leopoldo hatte sie vor über 70 Jahren gegründet und jahrzehntelang die Taralli hergestellt, die die Straßenhändler dann mit lauter Stimme verkauften. Heute sind die Backstuben seiner Kinder und Enkel in ganz Neapel zu finden. Zudem ist die Familie dabei, sich auch anderen Bereichen der Gastronomie zu öffnen. Es gibt zwei Verzweigungen derselben Familie, wobei Leopoldo für die Neapolitaner unauflöslich mit den Taralli assoziiert sein wird. Es bleibt Ihnen nur noch, sie zu kosten und den pfeffrigen Geschmack mit Wein oder auch, wie bei jungen Leuten beliebt, mit Bier zu begleiten.

Adresse Via Foria 212, 80139 Napoli, Tel. 081/451166, www.leopoldoinfante.it | ÖPNV Museo (Metro 1), Cavour (Metro 2) | Öffnungszeiten alle Geschäfte öffnen morgens um 7.30 Uhr, Mo – Do ab 21 Uhr geschlossen, Fr und Sa um Mitternacht, So um 23 Uhr | Tipp In der Via Foria 101 verwöhnt das Restaurant 'A Cucina e mammà (Tel. 081/449022, 340/0854028) mit echter neapolitanischer Küche.

101 Ein Theater der Unterwelt

Archäologie unter Tage

Die Piazza San Gaetano, auf der Achse der Via Tribunali, also dem früheren *decumanus maximus* gelegen, ist seit jeher einer der geschäftigsten Plätze der Stadt. In der Antike stand hier das Forum mit dem Tempel der Dioskuren, das in die Basilika von San Paolo Maggiore eingebaut wurde; in 2.000 Jahren ist es Zentrum geblieben, und heute zweigt hier die berühmte Krippenstraße, die Via San Gregorio Armeno, ab.

Inmitten der architektonischen Wunderwerke und archäologischen Reste kann man die Schichten der Stadtgeschichte gut nachvollziehen. Und zwischen den berühmten Pizzerien, urigen Trattorien und Konditoreien, die Berge von Babà feilbieten, hat man an der Piazza San Gaetano wirklich den Eindruck, dass Neapel nie schläft.

Es gibt jedoch einen Ort, an dem das Getümmel schlagartig verstummt und die Faszination der Historie sich Bahn bricht. Man findet ihn in der Via Cinquesanti, einem Sträßchen, das sich von der Piazza zwischen den hohen Palazzi entlangschlängelt. Noch vor ein paar Jahren war dies bloß eine der vielen dunklen und etwas verlassenen Gassen Neapels. Unterhalb eines Privathauses wurde dann eine echte Sensation entdeckt. Es sind die Räume eines großen Theaters, das das Areal der Via dell'Anticaglia, Via San Paolo und des Vico Giganti einnimmt. Die römischen Artefakte aus *opus reticulatum* und *opus latericium* gehen auf das erste Jahrhundert zurück und ruhen auf einem Vorgängerbau aus griechischer Zeit. Es war das größte Theater von Neapolis, ein Ort, an dem bekannte Komödien der Antike aufgeführt wurden.

Die Besichtigung startet an der Piazza San Gaetano 68, am Eingang von Napoli Sotteranea. Von dort führen Sie die Guides bis zum Haus, wo eine Luke im Boden eine Zeitreise eröffnet. Eine ungewöhnliche und spannende Art und Weise, eine so reizvolle Stätte zu erkunden. Auch dies gehört zum Zauber der Stadt, die nie aufhört, uns zu erstaunen.

Adresse Via San Paolo 4/a, 80138 Napoli, Tel. 081/296944, www.napolisotterranea.org | **ÖPNV** Museo oder Dante (Metro 1), Cavour (Metro 2) | **Öffnungszeiten** täglich geöffnet, Besichtigungen normalerweise jeden Abend, auch mehrsprachig | **Tipp** Schön sind auch die enormen Zisternen des Aquädukts Carmignano, die man über den Vico Sant'Anna di Palazzo in den Quartieri Spagnoli betritt. Nur geführte Besichtigungen (Tel. 081/400256, 333/9729875, www.lanapolisotterranea.it).

102 Die Trattoria San Ferdinando

So is(s)t man in Neapel

Es gibt dankbarere Dinge, als Orte zum Essengehen in Neapel zu empfehlen. Denn nicht zuletzt ist es eine Stadt des Genusses, und man geht auch ohne Tipps selten fehl. Aber manche Orte haben eben ihren ganz speziellen Status. Diese Trattoria, die auf die traditionelle Küche spezialisiert ist, gehört dazu. Sie liegt etwas abseits der großen Straße und des Platzes, und auch ihr Aushängeschild ist diskret. Kein Zufall: Hier speisen nur Stammkunden und echte Kenner.

Durch die Nähe zum Theater San Carlo ist aus der Trattoria San Ferdinando ein beliebter Treff der Schauspielerszene geworden. Das Lokal ist urgemütlich, und inmitten der *caccavelle* (Töpfe) aus Kupfer und den *'nzerte* (Knoblauchzöpfen) fühlt man sich wie zu Hause in Neapel. Begrüßt werden die Gäste von Aldo Bruno, Sohn von Ciro genannt Occhiobello (»Schönes Auge«), ehemaliger Koch des Restaurants im Palazzo Reale. Auch die Vertreter der dritten Generation, Marco und Daniela, sind mit dabei. Vom Vater zum Sohn hat sich die Küche nicht geändert. Viele Spezialitäten gilt es zu kosten. Probieren Sie etwa die frittierten Artischocken oder das *'raù* (Ragout) oder die kurzen Spaghetti und die Suppen. Das klassische Armengericht Pasta e Fagioli ist hier ein Gericht für Könige. Und dann die leckeren *polpette*, Fleischklößchen, der Oktopus aus der Kasserolle oder der Baccalà an Tomaten, Oliven und Kapern – Neapel wie es leibt und lebt. Von den gefüllten Calamari und der ausgezeichneten frittierten Fischplatte ganz zu schweigen.

Marco, ein sehr erfahrener Sommelier, verteilt gerne Ratschläge: Weiße und Rote aus ganze Kampanien, aber natürlich auch aus anderen Regionen. Bei den Süßspeisen sind die Cassatina Napoletana oder Ricotta mit Birnen neben traditionellen *dolci* wie der Caprese zu finden.

Von außen scheint es nicht viel herzumachen, aber wir empfehlen dringend, rechtzeitig zu reservieren.

Adresse Via Nardones 117, Ecke Piazza Trieste e Trento, 80132 Napoli, Tel. 081/421964, www.trattoriasanferdinando.com | ÖPNV Augusteo (Seilbahn Centrale); Toledo (Metro 1); San Carlo (Buslinien R2, C25) | Öffnungszeiten 12.30–15.30 und 19.30–23 Uhr, So geschlossen | Tipp Unter Hausnummer 286 der Via Toledo findet sich Arbiter (Tel. 081/416463), ein elegantes Modegeschäft, das aber auch eine gute Auswahl an Trekking- und Bergsteigerausrüstung führt.

103__Die Treppe von Petraio

Romantisches Treppensteigen

Wer noch nie zu Fuß in die Oberstadt Neapels hinauf- oder in die Unterstadt hinabgestiegen ist, der kennt diese Stadt nicht wirklich. Unter den malerischen Treppen Neapels gebührt der von Petraio ein besonderer Rang. So abgeschieden und diskret, wie sie sich darbietet, schenkt sie Flaneuren geruhsame Stunden und ein herrliches Panorama.

Angelegt wurde sie zwischen dem 16. und 17. Jahrhundert zur Zeit der Stadterweiterung Neapels über die Stadtmauern hinaus, um den Vomero mit dem Gebiet von Chiaia zu verbinden. Die Stufen wurden größtenteils in den Fels gehauen, was der Treppe auch ihren Namen eingebracht hat, die vom Corso Vittorio Emanuele auf Höhe des Universitätsinstituts Suor Orsola Benincasa bis zum Castel Sant'Elmo und zur Kartause San Martino ansteigt. Gegenüber den anderen Treppen Neapels, die häufig breit und monumental angelegt sind, ist die Petraio ein fast familiärer, sehr heimeliger Ort. Ihre Stufen führen nah an den Behausungen vorbei und bieten dem Passanten Einblicke in das Leben der Bewohner.

Hier fühlen sich Touristen – wie die Neapolitaner, die die Treppe von einem zum anderen Teil der Stadt nehmen – sofort zu Hause. Unvermittelt öffnet sich der Blick auf das Meer. Auf Höhe der Haltestelle Petraio der Seilbahn Centrale geht es ein Stück fast ebenerdig weiter. Hier hat man das schönste Panorama auf eine der zauberhaftesten Gegenden der Stadt, wo man das Miteinander aus Gebäuden und Landschaft betrachten kann.

Nicht zufällig sind entlang der Treppe von Petraio viele Künstler zu Hause. 1902 wohnte hier auch für eine kurze Zeit Paul Klee. Einige Szenen des Films »La tavola dei poveri« von Raffaele Viviani (1932) wurden hier gedreht. Und genau auf der Spitze, an der Kreuzung mit der Via Palizzi, liegt die Villa La Santarella, die der Komödienschreiber Eduardo Scarpetta anlegen ließ. Berühmt ist der Satz an der Fassade »Qui rido io« (Hier lache ich).

Adresse Man nimmt die Treppe an ihrer Spitze in Via Caccavello im Rücken der Via Morghen und gelangt unten auf den Corso Vittorio Emanuele auf Höhe der Seilbahn Centrale. | **ÖPNV** Morghen (Seilbahn von Montesanto), Corso Vittorio Emanuele oder Pietraio (Seilbahn Centrale); Vanvitelli (Metro 1) | **Öffnungszeiten** immer geöffnet, aber besser tagsüber laufen | **Tipp** In der Nähe der Haltestelle Petraio der Seilbahn ist Porto Petraio (www.portopetraio.com) ein Zentrum für Kunst, Musik und Tanz. Regelmäßig gibt es interessante Veranstaltungen.

104 Die Turmuhr von Sant'Eligio

In der Zeit gefrorene Zeiger

Die Piazza del Mercato im Viertel Pendino markiert ein großes Sechseck vor der Kirche Santa Croce e Purgatorio al Mercato. Auf der östlichen Seite öffnet sie sich zur Piazza del Carmine, die ihrerseits direkt auf das Meer hinausgeht; auf der gegenüberliegenden, also der Westseite, wird der Platz von der schönen gotischen Kirche Sant'Eligio Maggiore aus der Anjou-Epoche abgeschlossen. Genau an der Seite dieser Kirche ragt ein Bogen auf die Via San Giovanni a Mare hinaus. An ihm prangt die berühmte Uhr von Sant'Eligio.

In vielen Geschichten ist sie die Hauptperson, auch aufgrund der Nähe zur Piazza Mercato, auf der sich bedeutende Kapitel der Stadtgeschichte abgespielt haben. Vor dieser Uhr wurde am 29. Oktober 1268 der letzte Staufer Konradin geköpft, und seither wurde der Platz oft für Hinrichtungen genutzt (siehe Ort 34). Am selben Ort rief der Fischverkäufer Tommaso Aniello D'Amalfi, besser bekannt als Masaniello, die Revolte aus, die seinen Namen trägt und nach nur zehn Tagen im Blut erstickt wurde. Und ebenfalls auf der Piazza Mercato wurde die Führung der kurzen Parthenopäischen Revolution von 1799 gehängt.

Die vielleicht kurioseste und mit der Uhr von Sant'Eligio am engsten verbundene Geschichte ist allerdings die von der Explosion der Caterina Costa. Am 28. März 1943 war das Kriegsschiff im Hafen festgemacht und sollte bald in See stechen, als am frühen Nachmittag an Bord ein Feuer ausbrach, welches das Schiff urplötzlich explodieren ließ und den Hafen und angrenzende Gebäude verheerte. Splitter und Trümmerteile wurden bis in die Altstadt geschleudert. Ein Stück Blech bohrte sich in die Uhr von Sant'Eligio und ließ die Zeiger auf der Drei stehenbleiben. Fast 50 Jahre lang haben diese unbeweglichen Zeiger die Neapolitaner an die große Explosion gemahnt. Anfang der 1990er Jahre jedoch wurde die Uhr endlich restauriert und zeigt nun die normale Uhrzeit an.

Adresse Via Sant'Eligio, an der westlichen Ecke der Piazza Mercato, 80133 Napoli | ÖPNV Garibaldi (Metro 1); Marina/Carmine (Bus E2) | Öffnungszeiten immer geöffnet | Tipp Die danebenliegende Kirche Sant'Eligio Maggiore gehört zu den ältesten gotischen Gebäuden der Stadt. Ein Blick hinein lohnt sich.

105 Der Unterwasserpark von Gaiola

Meeresparadies in der Stadt

Umgeben vom unaufhörlichen Gewimmel dieser Stadt hat man Mühe, sich abgeschiedene und stille Orte auch nur vorzustellen. Aber es gibt sie, und man muss gar nicht weit fahren. Im westlichen Teil Neapels erwartet Sie unterhalb des Posillipo ein ganz besonderes Highlight: Die Bucht von Gaiola ist ein Naturparadies, dessen Klippen aus gelbem neapolitanischen Tuffstein in ein kristallines Wasser eintauchen, wo fisch- und faunareiche Meeresgründe und sogar ein kostbares archäologisches Erbe auf Tauchfreunde warten. Denn unterhalb des Meeresspiegels kann man Reste eines Gebäudes aus römischer Zeit ausmachen.

Der Park ist ein Meeresschutzgebiet, das seit 2010 vom Interdisziplinären Studienzentrum Gaiola betrieben wird, einem ehrenamtlichen Verein, bestehend aus Naturforschern, Biologen und Archäologen, die diesen zauberhaften Ort erforschen, schützen und der Öffentlichkeit nahebringen. Das Schnorcheln ist wohl die reizvollste Art, die wunderschönen Meeresgründe der Bucht zu erkunden. Hier schwimmt man in sauberem Wasser, eingerahmt zwischen der Küste und zwei kleinen Inseln, die in einigen dutzend Metern aufscheinen. Mit Maske und Schnorchel ausgerüstet, schwebt man zwischen Fischschwärmen und sieht Reste aus römischer Zeit: Fischteiche, Nymphäen, Anlegeplätze und Wege, die die Gebäude aus der Zeit vom zweiten Jahrhundert v. Chr. bis zum ersten Jahrhundert n. Chr. miteinander verbanden.

In einem kleinen Gebäude am Meer ist das Besucherzentrum untergebracht. Hier werden verschiedene Forschungs- und Öffentlichkeitsaufgaben wahrgenommen. Zu einigen Gelegenheiten können Besucher die Arbeit der Taucher bei archäologischen oder naturwissenschaftlichen Unterwassergängen auf Video mitverfolgen. Daneben werden Birdwatching- und Seawatching-Kurse angeboten.

Adresse Discesa Gaiola, Scogliera Cala San Basilio, 80123 Napoli, Tel. 081/2403235, www.areamarinaprotettagaiola.it oder www.gaiola.org | ÖPNV Discesa Coroglio/Istituto Denza (Bus 140) | Öffnungszeiten Aktivitäten täglich 10–14 Uhr nach Termin, info@gaiola.org | Tipp Am nördlichen Ausläufer des Naturreservats Gaiola, jenseits der Archäologischen Parks von Pausilypon, liegt die Felsenbucht Trentaremi, ebenfalls mit kristallklarem Wasser. Man kann sie mit dem Kajak erreichen.

106 Die Unterwelt des Maschio Angioino

Ein Abenteuer in dunklen Tiefen

Man schrieb das Jahr 1443. Neapel besaß bereits seit zwei Jahrhunderten eine Festung am Meer. Karl I. von Anjou hatte sie nach dem Sieg über die Staufer bauen lassen, um seine Ansprüche auf die neue Hauptstadt sinnfällig zu machen. In jenem Jahr 1443 jedoch fiel die Stadt an die Aragoneser in Gestalt von Alfonso di Aragona, der in der Burg seinen Hofstaat unterbrachte. Die Festung wurde vollständig zu den heutigen eleganten Formen umgebaut und die Thronbesteigung des neuen Souveräns durch die Einsetzung eines prächtigen Triumphbogens am Festungseingang zelebriert. Auf dem üppig mit Basreliefs bestückten Bogen tummeln sich Motive und Persönlichkeiten der Epoche, von denen nur eine den Herrscher nicht anblickt: Nach Benedetto Croce soll es sich dabei um Lucrezia d'Alagno handeln, die der König ein Leben lang liebte, ohne die Hochzeit vollziehen zu können.

Das Castel Nuovo, bekannt als Maschio Angioino, ist eines der Wahrzeichen Neapels. Aber sein unterirdisches Inneres ist weit weniger bekannt. Viele Jahre lang hat eine Gruppe von ehrenamtlichen Speläologen daran gearbeitet, die großen unterirdischen Räumlichkeiten vom Staub der Zeiten zu befreien, die einstmals ihrer Pracht wegen gerühmt waren, dann aber der Vergessenheit anheimfielen. Heute sind die Keller der Festung wieder zugänglich: In Begleitung der Höhlenforscher, die sie erschlossen haben, steigt man durch verschiedene Bauschichten der Festung herab, gelangt zu den Quartieren der Bombarden zu ihrer Verteidigung, den unterirdischen Kornspeichern und dann auch zu dem tödlichen Kerker. Hier ist die Legende des Krokodils beheimatet, wahrscheinlich eine erfundene Geschichte, um das Verschwinden einiger Gefangener zu rechtfertigen. Zu besonderen Anlässen kann man sich auch in die Tiefen abseilen und so die faszinierende Erfahrung der Speläologen teilen.

Adresse Via Vittorio Emanuele III, 80133 Napoli, Tel. 081/7957708; für Besichtigungen der Unterwelt: Tel. 328/8642837, www.hkavventura.it | **ÖPNV** Municipio (Metro 1) | **Öffnungszeiten** Mo–Sa 8.30–18 Uhr, So bis 14.30 Uhr, hkavventura@gmail.com | **Tipp** Im Bahnhof Municipio der neuen U-Bahn-Linie vermitteln die nun wieder sichtbaren großen Türme einen Eindruck vom Umfang der Burg.

107 Das unterirdische Neapel

Die dunkle Seite der Stadt

Einen solchen Ort erlebt man wahrlich nicht alle Tage. Die Piazza San Gaetano, Standort des griechischen Dioskuren-Tempels und rund 2.000 Jahre lang der Lebensnerv der Stadt, ist noch heute ein belebter und hektischer Kreuzungspunkt. Hier vermischen sich Farben, Geräusche und Gerüche, und Schwärme von Touristen ergießen sich über den Basalt zwischen Via dei Tribunali und Via San Gregorio Armeno.

Links von der Basilika San Paolo Maggiore gelangt man zu einer unerwarteten Welt aus Gestein, Dunkelheit und Stille. Bereits die Griechen gruben im Unterboden der Stadt, um Baumaterial zu fördern, den gelben Tuff, aus dem die meisten Bauwerke in Neapel bestehen. Nach ihnen legten die Römer ein enges Netz von Wasserleitungen an, das bis zu den Choleraepidemien im Laufe des 19. Jahrhunderts in Betrieb blieb. Viele dieser Hohlräume wurden später als Lager und im Zweiten Weltkrieg auch als Luftschutzbunker genutzt.

Der Verein »Napoli Sotteranea« (Unterirdisches Neapel) bietet die Möglichkeit, ein anderes, noch in Teilen unerforschtes Gesicht Neapels zu erkunden. Los geht es mit einem kurzen Einführungsfilm, dann steigen die Besucher gemeinsam mit dem Guide eine lange, aber bequeme Treppe zur Unterwelt in etwa 40 Metern unter Straßenebene hinab. Hier merkt man schlagartig, dass der Lärm der Stadt vollständig abgeebbt ist und man sich in einer anderen Dimension wiederfindet.

Von den größeren Hohlräumen für den Tuffabbau gelangt man zu engen unterirdischen Gängen, die Teil eines weitläufigen und verzweigten Aquädukts waren. Auf dem Gestein kann man die Zeichen der Steinmetze und Steinbrecher ablesen, und in den großen Räumen erkennt man noch die Umbauten, Stromleitungen und Trennwände, die damals in großer Hast angelegt wurden, um den Untergrund der Stadt als Unterkunft für die vielen von den Fliegersirenen verängstigten Menschen zu nutzen.

Adresse Piazza San Gaetano 68, 80138 Napoli, Tel. 081/296944, 333/5849479, www.napolisotterranea.org | **ÖPNV** Dante (Metro 1); Duomo/Tribunali (Buslinien E 1, E 2) | **Öffnungszeiten** geführte Besichtigungen täglich 10–18 Uhr, einige auch auf Englisch, donnerstags gibt es auch eine Führung um 21 Uhr nach Termin | **Tipp** Neben dem Eingang an der Via dei Tribunali 73 ist Giri di pasta (Tel. 081/18365571, www.giridipasta.it) der erste Take-away der Frittata di pasta, ein typischer neapolitanischer Imbiss. Jeden Tag geöffnet außer Montag, ab 11 bis zur Abendessenzeit.

108 Der Vesuv

Das Maul des großen Vulkans

Er ist einer der berühmtesten Vulkane der Welt. Vor allem deshalb, weil er als aktiver Vulkan im Zentrum eines riesigen vom Menschen geprägten Gebiets liegt: Neapel und sein vielfältiges Hinterland zählen immerhin über drei Millionen Einwohner.

Vom Gipfel des Feuerberges genießt man ein einzigartiges Spektakel: Der Blick umschließt dieses riesige Ballungsgebiet und den gesamten Golf, der im Süden von der sorrentinischen Halbinsel und der Insel Capri, im Norden von den Phlegräischen Feldern und den Inseln Procida und Ischia abgeschlossen wird. Dies ist eines der unglaublichsten Panoramen des Mittelmeerraums und vielleicht der ganzen Welt.

Hoch kommt man leicht: Man muss nur der Autobahn A3 folgen, bei Ercolano abfahren und den Schildern zum Vesuv folgen. Die Straße steigt durch Stadtgebiete erst sanft an, durchquert einige Wälder und endet schließlich im Reich der Lava: Unvermittelt verschwindet die Vegetation, und man erblickt die Ausflüsse der jüngeren Eruptionen, deren letzte 1944 erfolgte.

Auf 1.000 Metern über dem Meeresspiegel erreicht man einen Platz, wo man das Fahrzeug abstellen kann (man kann aber auch mit Linienbussen oder privaten Kleinbussen von Neapel oder Herculaneum anreisen). Vom Parkplatz geht man zu Fuß einen etwas rutschigen, aber bequemen und kurzen Pfad weiter. Die letzten Meter bis zur Spitze kann man nur im Beisein autorisierter Guides zurücklegen, für die ein Ticket zu lösen ist. Aber es lohnt sich unbedingt, denn man steht nun auf dem Kratersaum und starrt in die unermessliche Tiefe von mehr als 300 Metern.

Einige Raucher an den Felswänden und am Grund des Kraters erinnern daran, dass der Vulkan noch aktiv ist, und machen den Besuch noch reizvoller. Bis in die 1970er Jahre konnte man mit einer Seilbahn, nämlich der aus dem berühmten Lied »Funiculì funiculà«, bis hier hinauffahren. Heute sind von der ehemaligen Anlage nur noch Reste übrig.

Adresse Parco Nazionale del Vesuvio, Strada provinciale 114, 80056 Ercolano (Na) | **ÖPNV** mit dem Bus: www.sitabus.it | **Anfahrt** im Auto von Neapel: A 3 Richtung Via Caputa Monti a Ercolano, Ausfahrt Ercolano, dann Strada provinciale 114 | **Öffnungszeiten** Jan.–Feb. und Nov.–Dez. 9–15 Uhr, März, Okt. 9–16 Uhr, April–Juni sowie Sept. 9–17 Uhr, Juli, Aug. 9–18 Uhr | **Tipp** Auf der Straße zum Krater liegt der Sitz des historischen Osservatorio Vesuviano, dem ältesten der Welt (1841). Es ist ein modernes Forschungs- und Ausbildungszentrum zur vulkanischen Aktivität des Gebiets (www.ov.ingv.it).

109_Die Via Costantinopoli

Die Straße der Kunst

Von der abgeschirmten Piazza Bellini gelangt man zu einer breiten, von eleganten Palazzi eingeschlossenen Straße. Es ist die Via Santa Maria di Costantinopoli, die Teil der urbanistischen Erneuerung unter dem Vizekönig Pedro de Toledo im 16. Jahrhundert war und sich dann im Laufe des 19. Jahrhunderts mit bedeutenden Bauten umgab.

Man denke nur an den schönen Bau der Akademie der Künste im Stil der Neorenaissance im ehemaligen frühzeitlichen Kloster von San Giovanni. Ihr Stolz ist die Galerie mit Skulpturen und Gemälden der neapolitanischen Schule. Kurz danach öffnet sich die Galleria Principe di Napoli, ein eklektisches Bauwerk aus dem Fin de Siècle. Dann gibt es die Kirche Santa Maria di Costantinopoli. Wenige wissen, dass sich hier das kostbare Presbyterium von Cosimo Fanzago befindet. Auch nur einige Minuten Ihrer Zeit sind hier wohlinvestiert.

Aber kehren wir auf die Straße zurück: In der Via Costantinopoli herrscht die Aura der Kunst. Durch die Nähe zur Akademie bedingt, liegen hier wohlsortierte Geschäfte mit Utensilien für Malerei, Bildhauerei, Stiche und Restaurierung. Daneben sind auch hier viele Antiquariate zu Hause, darunter einige auf Kunst und Kunsthandwerk verschiedener Epochen spezialisierte Lädchen.

Die Liebhaber des Genres wissen das und kommen auch von weit her, um ihre Augen an den Schaufenstern zu laben und sich inmitten edler Möbel, Objekte und Geschmeide, Kronleuchter, aber auch Gemälden, Büsten, kleinen Skulpturen, alten Büchern und Raritäten generell zu verlieren.

Ein Spaziergang in der Via Costantinopoli bietet eine angenehme Gelegenheit, eine Reise in die neapolitanische Kunst ab dem 17. Jahrhundert zu unternehmen. Mit ein wenig Erfahrung und einer Prise Glück lassen sich hier echte Schnäppchen machen, um ein Stück romantischer Erinnerung an diese zauberhafte und immer überraschende Stadt nach Hause zu nehmen.

Adresse Via Santa Maria di Costantinopoli, 80138 Napoli | ÖPNV Museo (Metro 1), Cavour (Metro 2) | Öffnungszeiten Die Geschäfte sind normalerweise von 10 bis 20 Uhr geöffnet. Fast alle bleiben sonntags geschlossen. | Tipp Im oberen Teil der Straße sollten Sie einen Abstecher zur Kirche Santa Maria di Costantinopoli mit dem Presbyterium des Fanzago machen.

110_Die Villa Floridiana

Ein grüner Balkon über dem Meer

Neapel ist ein Ort des Chaos, des Verkehrs, der dunklen Gassen, aber es ist auch reich an generösen Grünflächen und Aussichten, die sich urplötzlich auftun. Auf dem Vomero-Hügel müssen Sie unbedingt einen Spaziergang in diesem schönen Park machen, der eine Bourbonen-Residenz umgibt. Ferdinand IV. erwarb damals das Terrain für seine Gattin, Gräfin von Floridia, daher der Name Floridiana. Bei seiner Eröffnung beherbergte der Park einige in Europa fast unbekannte Pflanzen und war ganz im Geschmack der Zeit von künstlichen Ruinen und Grotten geschmückt, in denen Vögel und exotische Tiere gezeigt wurden.

Die ursprüngliche Topografie der Gärten ist heute noch erhalten, jedenfalls in den leicht absteigenden Alleen, die ihn durchziehen. Mit Dutzenden Baumarten und anderen Pflanzen ist es der ideale Ort für ein romantisches Stelldichein oder für Mußestunden bei einem guten Buch, ob in der Sonne auf der großen Wiese oder im Schatten der Bäume.

Im unteren Teil des Parks liegt die ehemalige Residenz der Bourbonen, ein eleganter neoklassizistischer Bau, der das Nationalmuseum der Keramik Duca di Martina beherbergt. Hier sind kostbare Sammlungen ausgestellt: Porzellanware aus Capodimonte, Malereien und Skizzen, Majoliken, Möbel und Geschmeide mit Schildkröten-Gravur, Schmuck aus Elfenbein und Koralle und Glas- und Kristallkunst. Ein großer Bereich ist Majolika aus verschiedenen Teilen Italiens gewidmet, ein anderer orientalischer Kunst.

An der Südseite führt eine Treppe zu einem spektakulären Aussichtspunkt auf die Stadt. Jenseits der Terrassen einiger schöner Häuser kann man unten die Dächer des Viertels Chiaia und dahinter die Villa Comunale vor dem Meer ausmachen. Links ragt die mächtige Kulisse des Castel dell'Ovo empor, rechts der Posillipo-Hügel, der sich bis nach Marechiaro hinzieht. Vor uns dagegen liegt die Insel Capri.

Adresse Via Cimarosa 77 und Via Aniello Falcone 171, 80127 Napoli, Tel. 081/5788418 | **ÖPNV** Vanvitelli (Metro 1); Morghen (Seilbahn von Montesanto), Piazza Fuga (Seilbahn Centrale), Cimarosa (Seilbahn von Chiaia) | **Öffnungszeiten** Keramikmuseum: 8.30–19 Uhr, Di geschlossen. Der Park öffnet um 8.30 Uhr und schließt je nach Jahreszeit zwischen 17.30 und 19 Uhr. | **Tipp** Genau gegenüber der Seilbahn von Chiaia liegt in Via Cimarosa 44 die historische Friggitoria Vomero (Tel. 081/5783130), einer der besten Orte für den Fritto Napoletano.

111 Die Votivnischen

Die Urform städtischer Beleuchtung

Wie erhellt man die dunklen Ecken einer großen Stadt am wirtschaftlichsten? Indem man deren Bewohner dafür sorgen lässt. Die Eingebung dazu hatte der Bourbone Karl III. beziehungsweise seine kirchlichen Berater.

Bereits in der Magna Graecia, also ab dem achten Jahrhundert v. Chr., war der Brauch zum Bau von Votivnischen (*aedicula*) verbreitet. Diese Tradition riss auch mit dem Christentum nicht ab, sodass man in Neapel, einer schon immer sehr gottesfürchtigen Stadt, den Bau dieser Nischen auch ohne entsprechende Genehmigung erlaubte. Jeder konnte sich also seine persönliche Votivnische errichten und diese nach Möglichkeit beleuchten. So vervielfachten sich im Laufe weniger Jahrzehnte Lichter und Kerzenschein, und auch die dunkelsten Ecken wurden heimelig.

Seitdem sind diese Nischen fester Teil der städtischen Architektur Neapels, vor allem in der Altstadt, wo man sie fast an jeder Kreuzung und Gasse vorfindet. Es gibt Aberhunderte von ihnen, die sich von anderen *aediculae* in anderen Gegenden Italiens unterscheiden. Die neapolitanischen sind häufig groß und ähneln oft echten Kapellen. Einige besitzen eine monumentale Anlage und erinnern an Kirchen oder Tempel mit Säulen, Lisenen, Giebeln und Portalen. Motiv ist stets die Madonna oder ein Heiliger, die dabei sind, ein Wunder zu wirken oder ein Martyrium zu erleiden.

Zu den wichtigsten »offiziellen« *aediculae* gehört die von San Gennaro an der Piazza De Nicola bei der Porta Capuana. Sie wurde zu Anfang des 18. Jahrhunderts nach einem Entwurf von Fernando Sanfelice geschaffen, um dem Heiligen für den Schutz gegen die Heimsuchungen zu danken. So sind alle *aediculae* auch Ausdruck empfangener Gnade, weshalb sie oft reich mit Votivgaben ausgestattet sind. Manche privaten Nischen sind von ganz persönlichen Symbolen geprägt, durch die die jeweilige Familie mit dem Heiligen oder der Seele im Fegefeuer Zwiesprache hält.

Adresse Die kleinen aediculae finden sich an jeder Ecke der Stadt verteilt, fast immer an öffentlichen Orten und im Freien | **Öffnungszeiten** immer geöffnet | **Tipp** Bei der *aedicula* von San Gennaro an der Piazza De Nicola sollte man der großen Kirche Santa Caterina a Formiello mit ihren vielen Kapellen einen Besuch abstatten.

1
Lago Patria
Qualiano
Varcaturo
Torretta-Scalzapecora
Lido di Licola
Quarto
Licola
Monterusciello
Nuova Colmata
Toiano
Cigliano
45
Scalandrone
A56
Cuma
Lucrino
Pisciarelli
Lago del Fusaro
Pozzuoli
2
Baia
15
8
Fusaro
25
Torregaveta
Golf von Pozzuoli
Cappella
74
Bacoli
Miliscola
Miseno
Cottimo
Procida
Corricella
80
Olmo
Centane

Giugliano in Campania
Melito di Napoli
Villaricca
Arzano
2
Calvizzano
Mugnano di Napoli
Casoria
Scampia
Casavatore
Marano di Napoli
Piscinola
Secondigliano
San Pietro a Patierno
Chiaiano
Miano
Internationaler Flughafen Neapel
A56
Torre Caracciolo
San Carlo all'Arena
70
75
3
30
Poggioreale
Guantai
Stella
Pianura
23
Vicaria
4
Arenella
108
Avvocata
Pendino
110
A3
Soccavo
A56
NEAPEL
Chiaia
6
Bagnoli
Posillipo
19
40
52
105
Golf von Neapel
N
0
1 km

3
4
STELLA
Corso Amedeo di Savoia Duca d'Aosta
VICARIA
Via Foria
Corso Gius. Garibaldi
Via Cesare Rosaroll
Via Carbonara
Via Casanova
Piazza Cavour
SAN LORENZO
AVVOCATA
PENDINO
Corso Umberto I
SAN GIUSEPPE
MONTECALVARIO
PORTO
Via Nuova Marina
Corso Vitt. Emanuele
Via Medina
Via Cris. Colombo
NEAPEL
SAN FERDINANDO
Galleria della Vittoria
Piazza Vittoria
Via Franc. Caracciolo
98
5
9
100
29
65
77
26
97
78
104
39
51
34
71
16
17
103
32
64
67
96
53
4
10
11
56
N
0
250 m

4
Via Carbonara
Via Luigi Settembrini
Piazza Cavour
Piazzetta San Giovanni in Porta
Via Duomo
SAN LORENZO
Via dei Tribunali
Via Santa Maria di Costantinopoli
Via Enrico Pessina
Via Atri
Via dei Tribunali
Via Nilo
Piazza Luigi Miraglia
Piazza Dante
Via San Sebastiano
Piazza San Domenico Maggiore
PENDINO
Piazzetta VII Settembre
SAN GIUSEPPE
Via Santa Chiara
Via Mezzocannone
Via Toledo
Via Monteoliveto
Corso Umberto I
Piazza Carità
PORTO
Via Nuova Marina
MONTECALVARIO
Piazza Santa Maria la Nova
Piazza Giovanni Bovio
Via Gugl. Sanfelice
Via Agost. Depretis
Piazza del Molo Piccolo
Via Speranzella
Via Toledo
Via Medina
Via Cris. Colombo
Vico della Tofa
Piazza Municipio
Via Santa Brigida
Via San Carlo
Via Nardones
N
0
100 m

Annett Klingner
111 Orte in Rom, die man gesehen haben muss
ISBN 978-3-95451-219-5

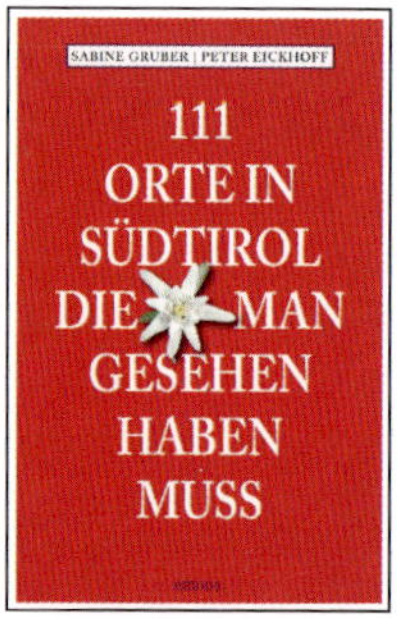

Sabine Gruber,
Peter Eickhoff
111 Orte in Südtirol, die man gesehen haben muss
ISBN 978-3-95451-318-5

Petra Sophia Zimmermann
111 Orte am Gardasee und in Verona, die man gesehen haben muss
ISBN 978-3-95451-344-4

Gerd Wolfgang Sievers
111 Orte in Venedig, die man gesehen haben muss
ISBN 978-3-95451-352-9

Beate C. Kirchner
111 Orte in Florenz und im Norden der Toskana, die man gesehen haben muss
ISBN 978-3-95451-513-4

Giulia Castelli Gattinara,
Mario Verin
111 Orte in Mailand, die man gesehen haben muss
ISBN 978-3-95451-617-9

Marx de Morais
111 Orte in Turin und im Piemont, die man gesehen haben muss
ISBN 978-3-95451-736-7

Gerd Wolfgang Sievers
111 Orte in Istrien, die man gesehen haben muss
ISBN 978-3-95451-858-6

Fabrizio Ardito
111 Orte in Umbrien, die man gesehen haben muss
ISBN 978-3-7408-0238-7

Maurizio Francesconi,
Alessandro Martini
111 Orte in Langhe, Roero und Monferrato, die man gesehen haben muss
ISBN 978-3-7408-0474-9

Thomas Tribus
111 Orte in Meran, die man gesehen haben muss
ISBN 978-3-7408-0443-5

Franz Hlavac,
Gisela Hopfmüller
111 Orte in Friaul und Julisch Venetien, die man gesehen haben muss
ISBN 978-3-7408-0575-3

Max Fleschhut
111 Orte auf Elba, die man gesehen haben muss
ISBN 978-3-7408-0587-6

Beate Giacovelli,
Gaetano Adragna
111 Orte am Comer See, die man gesehen haben muss
ISBN 978-3-95451-833-3

Ralf Nestmeyer
111 Orte in der Provence, die man gesehen haben muss
ISBN 978-3-95451-094-8

Ralf Nestmeyer
111 Orte an der Côte d'Azur, die man gesehen haben muss
ISBN 978-3-95451-563-9

Barbara Krull
111 Orte im Elsass, die man gesehen haben muss
ISBN 978-3-95451-596-7

Ralf Nestmeyer
111 Orte in der Normandie, die man gesehen haben muss
ISBN 978-3-95451-839-5

Sybil Canac,
Renée Grimaud, Katia Thomas
111 Orte in Paris, die man gesehen haben muss
ISBN 978-3-95451-847-0

Rüdiger Liedtke
111 Orte auf Mallorca, die man gesehen haben muss
ISBN 978-3-89705-975-7

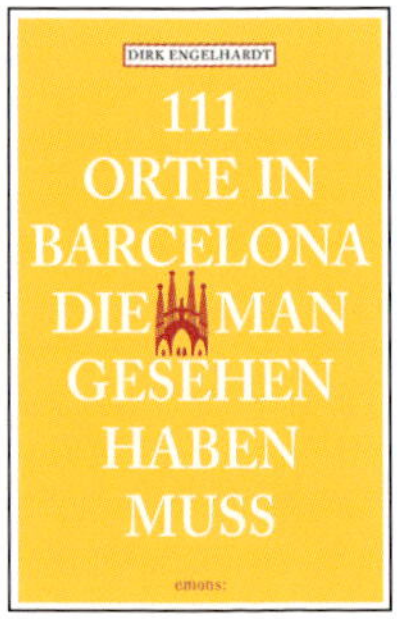

Dirk Engelhardt
111 Orte in Barcelona, die man gesehen haben muss
ISBN 978-3-95451-066-5

Sibylle von Kapff,
Gerhard von Kapff
111 Orte auf Teneriffa, die man gesehen haben muss
ISBN 978-3-95451-916-3

Kirsten Lux,
Lisa Graf-Riemann
111 Orte auf La Palma, die man gesehen haben muss
ISBN 978-3-7408-0345-2

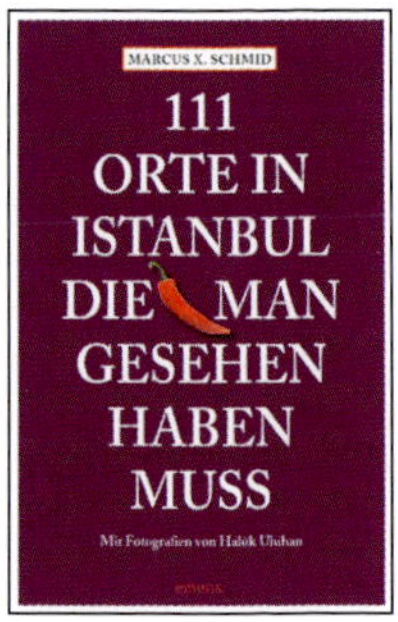

Marcus X. Schmid, Halûk Uluhan
111 Orte in Istanbul, die man gesehen haben muss
ISBN 978-3-95451-333-8

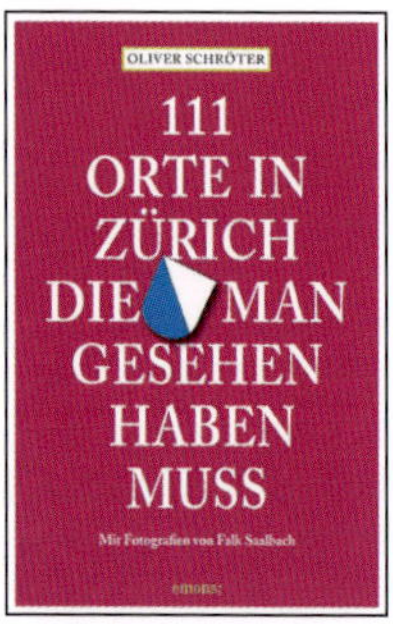

Oliver Schröter, Falk Saalbach
111 Orte in Zürich, die man gesehen haben muss
ISBN 978-3-95451-538-7

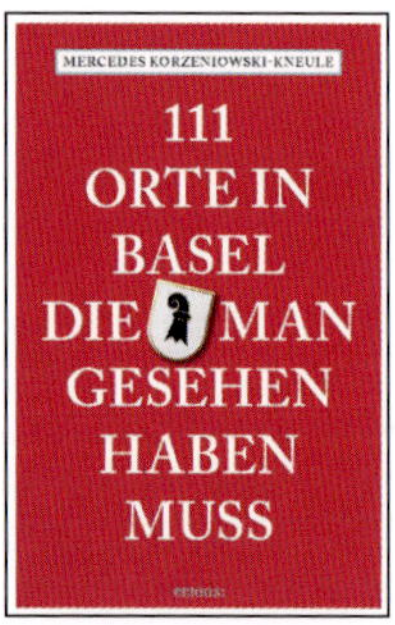

Mercedes Korzeniowski-Kneule
111 Orte in Basel, die man gesehen haben muss
ISBN 978-3-95451-702-2

Cornelia Lohs
111 Orte in Bern, die man gesehen haben muss
ISBN 978-3-95451-669-8

Danksagung

Dieser Band ist Frucht der Zusammenarbeit mit vielen Freunden, die mich während meiner Streifzüge durch die Stadt, die ich sehr liebe, beraten, beherbergt und an neue Orte herangeführt haben. Mein Dank geht dabei vor allem an Giovanni Talarico, Giovanna Giuliani, Mario Martone, Daniele Sepe, Umberto Del Vecchio und Francesco Cuomo. Fabrizio Ardito danke ich für Tipps und Sara Della Monaca dafür, mich bei einigen Besichtigungen begleitet zu haben. Natürlich möchte ich auch die vielen öffentlichen und privaten Stellen nicht vergessen, die mich auf meine Anfragen hin mit aktuellen Infos zu den hier versammelten Orten versehen haben.

Der Autor

Natalino Russo wurde 1972 in Caserta geboren und hat viele Jahre in Neapel gelebt. Als Journalist und Fotograf beschäftigt er sich vor allem mit Reisen. Er hat Romane und Reiseführer für Zeitschriften wie PleinAir, Dove, Internazionale, Meridiani verfasst; dazu arbeitet er mit Verlagshäusern wie Touring Club Italiano und Skira zusammen. Er liebt Höhlen und Vulkane, die Berge und sein Fahrrad. Und seine Heimat: Kampanien.

www.natalinorusso.it